Margery (Gred)

Un conte du vieux Nuremberg (Volume 6)

Georg Ebers

(Traducteur : Clara Bell)

Writat

Cette édition parue en 2024

ISBN : 9789359942629

Publié par
Writat
email : info@writat.com

Contenu

CHAPITRE VI.

Dois-je maintenant expliquer comment Ann et moi avons trouvé Herdegen dans sa cachette, une simple petite apiculteur mais dans la partie la plus secrète de la forêt de Lorenzer, un endroit où aucun cavalier ne pouvait passer ; comment, même dans sa mauvaise herbe de paysan, mon frère était encore un brave homme, et serrait sa bien-aimée dans ses bras avec autant d'ardeur que le premier jour de son retour d'Italie, et comment ce cher homme pourchassé, me voyant en costume de deuil , a pris sa sœur dans son cœur dès que son amour juré eut laissé les lieux libres ? Oui, car les morts lui étaient également chers, et son amour pour moi n'avait jamais failli.

Lorsque nous nous abandonnâmes en paix à la joie de nous retrouver tous ensemble, je compris que son œil était plus ferme et sa voix plus grave et plus calme qu'autrefois ; et chaque fois qu'il me parlait, c'était sur un ton doux et sincère, ce qui me donnait l'assurance réconfortante qu'il était affligé de mon chagrin. Et avec quelle douceur et quelle gravité il a séduit Ann pour qu'elle profite au maximum de cette triste rencontre, où l'accueil et la rapidité de Dieu se touchaient si étroitement. Dans la maison, une fois de plus, je me réjouis de l'envolée élevée qui élevait tout l'esprit de ce jeune homme au-dessus de tout ce qui était commun ou vil ; et les yeux de sa bien-aimée se posaient sur lui avec un pur plaisir tandis qu'il causait avec mon oncle ou avec le magistrat qui nous avait accompagnés dans la forêt. Et même si c'était en vérité son devoir envers l'Empereur son maître d'exécuter son ordre, il nous a néanmoins promis qu'il différerait l'annonce de la sentence jusqu'à notre retour en ville le lendemain et prolongerait notre temps ensemble. et avec la cousine Maud autant qu'en lui.

Les yeux de ma tante brillaient de pure joie lorsqu'ils tombèrent sur son chéri avec Herdegen à ses côtés, et elle pouvait se dire sans doute que ces deux-là, qui, selon elle, étaient faits l'un pour l'autre, ne se seraient guère retrouvés sans pour son aide. Ou bien, chaque fois que nous partions le lendemain, elle appelait Herdegen une fois de plus pour lui parler en privé, et lui disait de garder à l'esprit que si jamais au cours de ses pérégrinations il rencontrait un autre jeune - et il savait qui - il pourrait lui dire que dans la maison du Lorenzerwald, battait encore le cœur d'une mère qui ne pouvait se calmer que lorsque sa présence l'avait de nouveau réjoui.

Mon oncle nous a accompagnés en ville. C'est à la porte que le magistrat annonça à Herdegen quel serait son sort : qu'il devait quitter Nuremberg le lendemain à la même heure ; et jusqu'à mon dernier jour, je me souviendrai toujours avec joie et regret du repas que nous avons ensuite pris avec nos proches.

La cousine Maud appelait cela le souper de condamnation de son chéri. Elle avait surveillé la cuisson de chaque plat dans la cuisine et choisi le meilleur vin de la cave. Pourtant, la nourriture aurait pu être de la bouillie d'avoine et la noble liqueur la plus petite bière, et cela n'aurait eu aucune importance pour notre grande, quoique mélancolique joie. Et en effet, aucun homme n'aurait pu contempler ces deux hommes réunis à nouveau après tant de périls, sans sentir son cœur se soulever. Ah ! et comme ces deux-là m'étaient chers ! Ils avaient appris que la vie n'était rien pour l'un sans l'autre, et leurs cœurs me semblaient désormais aussi étroitement liés que deux ruisseaux qui coulent ensemble pour ne former qu'un seul fleuve, et dont aucune puissance sur terre ne pourra jamais briser les eaux. Ils étaient assis avec nous, mais derrière de grands bouquets de fleurs, comme dans une île de bonheur ; pourtant ils étaient parmi nous et montraient à quel point cela les rendait heureux d'avoir autant de cœurs aimants autour d'eux. Malgré sa joie et ses ennuis, Ann n'oublia pas son devoir de « gardienne » et menaça l'oncle Christian s'il prenait plus qu'il ne le devrait de cette bonne boisson alcoolisée. Il déclara cependant que ce jour était sous la faveur spéciale des saints et qu'aucun mal ne pouvait lui arriver de quelque manière que ce soit. Mon oncle Forest et maître Pernhart avaient été trouvés en train de discuter ensemble, et le sujet dont ils parlaient était mon cousin Gotz. Et comme cela réjouissait le père de parler de son fils lointain ! Plus particulièrement lorsque les lèvres de Pernhart débordèrent d'éloges à l'égard du jeune homme à qui son unique enfant devait sa mort prématurée.

Le plus merveilleux de tous était le Magister. Le retour de Herdegen auprès de sa bien-aimée a privé Maître Peter de son dernier espoir ; néanmoins ses yeux ne s'étaient jamais posés sur elle avec un ravissement plus affectueux. En vérité, son cœur fidèle était comme réchauffé par le bonheur qui l'entourait comme d'une gloire, et en effet ce n'était pas sans quelques doutes que je vis le digne homme, qui avait l'habitude d'être si sobre, lever encore et encore son verre pour buvez à Ann, qu'elle l'ait marqué ou non, et videz son verre à chaque fois en son honneur. Mon oncle Christian remplit également sa tasse avec diligence, et en le voyant la boire avec une si bonne volonté, je craignis qu'il ne nous retienne toute la nuit à table, alors que le temps était compté pour Ann et mon frère pour avoir une conversation privée ensemble. Mais ce brave homme n'oubliait pas, même autour de la jarre, ce qui pouvait plaire aux autres ; et même s'il lui était difficile de quitter une joyeuse beuverie, il fut le premier à s'éloigner. Nous étions seuls au coucher du soleil. Le Magister avait été mis au lit et ne s'était réveillé que le lendemain à midi.

Le couple en détresse s'assit une fois de plus dans l'oriel où ils s'étaient si souvent assis dans les jours plus heureux, et en les voyant parler et se caresser dans le crépuscule naissant, il me sembla pendant un moment que cette joyeuse saison d'hiver était revenue dans laquelle ils s'étaient réjouis au printemps. de leur amour.

Ainsi les heures passèrent, et j'étais en train de me demander s'il n'était pas temps d'allumer les lampes, lorsque nous entendîmes des voix dans l'escalier, et la cousine Maud entra disant que Sir Franz était entré dans la maison, et que qu'il déclara que son bonheur ou son malheur, et même sa vie, étaient entre les mains d'Herdegen, de sorte qu'elle n'eut pas le cœur de refuser de le laisser entrer. Sur ce, mon frère se mit en colère, mais la porte de la chambre s'ouvrit. et avec la servante qui apportait la lampe, le bohémien franchit le seuil. Nous, les servantes, aurions voulu les quitter ; mais le chevalier nous supplia de rester, disant, tandis que ses yeux se tournaient humblement vers les miens, que je devrais plutôt m'attarder et dire une bonne parole pour lui. Puis, comme Herdegen lui demandait de parler, mais ne lui tendait pas la main, Sir Franz le supplia de le permettre d'être son compagnon de pèlerinage. Cependant, un homme si triste n'était en aucune façon agréable aux yeux de mon frère, et c'est pourquoi il lui fit clairement comprendre ; alors le bohémien se souvint de leur ancienne amitié et le supplia de se remettre à sa place et de ne pas oublier que lui, en tant qu'homme sain, aurait vengé le mépris que lui avait infligé Rochow dans un combat loyal plutôt qu'avec un coup de poing. coup de poignard. Ils furent condamnés à la même pénitence et, si Herdegen ne le supportait pas et ne lui donnait pas sa compagnie, ce serait le coup mortel porté à son honneur flétri.

Sur ce, j'ai fait appel à mon frère avec ferveur, le suppliant de ne pas rejeter son ancien ami, ne serait-ce que par amour pour moi. Et comme, ce jour-là, toute son âme était remplie d'amour, sa dureté s'est adoucie, et comme mon cœur a battu de joie et de reconnaissance quand je l'ai vu tendre la main à l'homme qui avait enduré tant de malheurs pour moi.

Bientôt, tandis qu'ils parlaient encore de leur départ, des voix se firent entendre au dehors ; et même si je pouvais à peine en croire mes oreilles, je ne me trompais pas et je connaissais les tons de celui d'Ursula. Ann également les entendit et les connut, et elle quitta la chambre en disant : « Personne ne me dérangera dans une telle heure, et encore moins Ursula ! L'angélus avait sonné depuis longtemps, et quelque chose de grave avait dû nous amener un invité si rare à une heure si tardive. Mon cousin, qui aurait voulu l'empêcher d'entrer, la tenait par le bras ; et ses efforts pour se débarrasser de l'emprise de la vieille dame furent vains jusqu'à ce qu'elle aperçoive Herdegen. Puis, enfin, elle se libéra et, même si elle était à bout de souffle, sa voix était celle d'un pur triomphe en criant : « Il fallait que je vienne, et me voilà !

"Oui, mais si vous venez en Mar-joy, je vous montrerai la sortie, ma parole !" mon cousin haletait ; mais la servante n'y prêta pas attention, mais se dirigea droit vers Herdegen et dit : « J'ai senti que je devais vous revoir une fois de plus avant votre départ, je le dois ! Le vieux Jorg m'a accompagné, et quand je serai reparti, Dame Maud prononcera mon « éloge funèbre ». ". Regardez-la seulement ! Mais cela ne fait qu'un pour moi. Trouvez-moi un endroit, Herdegen, où je pourrai parler seul avec vous et Ann Spiesz. J'ai un message pour vous. "

Sur ce, ma cousine éclata avec un rire méprisant, tel que je n'aurais jamais pu espérer entendre d'elle, avec son cœur bon et célibataire ; et mon frère dit brièvement et clairement à Ursula qu'il n'avait plus rien à faire avec elle. A cela, elle répondit que ce serait un péché d'en douter, dans la mesure où il était maintenant un pieux pèlerin et honorablement fiancé, elle avait néanmoins envie de voir Ann. Cela aussi lui fut refusé, et elle se contenta de hausser les épaules ; puis elle se tourna vers le bohémien qui s'était avancé vers elle et lui demanda avec une politesse glaciale de s'éloigner d'elle, puisqu'il lui faisait offense. Là-dessus, je vis la dernière goutte de sang rouge disparaître de la joue malade du jeune chevalier, et cela me serra le cœur de le voir lever les mains et l'implorer très humblement : « Tu sais, Ursula, tout ce qui m'est arrivé à cause de toi. , et combien de choses m'attendent. Trois fois j'ai été confié à toi, ma fiancée, et autant de fois j'ai été abandonné...."

"Pour vous épargner une quatrième fois le même sort ; toutes les bonnes choses étant par trois !" » dit-elle en se moquant de lui. "En vérité, vous m'avez guéri de tout désir d'être jamais votre Dame, Sir Knight. Et comme il me semble aujourd'hui que notre discours est libre et véridique, je dois avouer qu'un tel souhait a toujours été assez loin de moi, et même lorsque nous se tenait fiancée. Une chose étrange, c'est l'amour ! "Voici la belle Margery !" un jour, sur les lèvres de tout noble gentleman, et le lendemain : « À la douce Ursule ! Chez certaines personnes, il se développe intérieurement, comme s'il s'agissait d'un polype, et malheur à moi, le suis-je. Mon amour, si vous voulez savoir la vérité, monseigneur le baron von Welemisl, l'amour tel que j'ai connu, je l'ai donné une fois pour toutes. à cet homme Herdegen Schopper ; il a été à lui depuis le temps où, dans mes petites jupes courtes, j'ai appris à écrire ; et il en a toujours été ainsi, jusqu'à l'heure où la digne dame Henneleinlein, la nouvelle cousine du noble Junker — c'est assez à mourir de rire ! — quand cette illustre dame m'a murmuré la vérité à l'oreille que son futur parent m'avait abandonné, ainsi que les richesses du vieil Im Hoff, pour le bien d'une fille d'écrivain. petit garçon, il m'apportait des bouquets et portait mes couleurs ! Bien plus, et depuis ce temps il m'a lancé bien des regards enflammés. Récemment encore, il a écrit à son oncle de Paris qu'il voulait faire de moi sa femme. Ah, vous pouvez ouvrir grand les yeux, la très respectée cousine de tous, Maud, et vous aussi, Maîtresse Margery, impeccable et impeccable ! Croisez-vous au nom de tous les saints ! Un loup mort ne peut pas mordre, et quant à mon amour pour cet homme, je puis hardiment déclarer qu'il est mort et enterré. Mais remarquez-moi, » et elle plaqua sa main sur sa poitrine haletante, « remarquez-moi, quelque chose d'autre a fait son entrée ici, avec des tambours et des trompettes et un grand jubilé : Haine ! — Je te hais, Herdegen, comme je hais la mort, la peste et l'enfer ; et je te hais deux fois plus depuis que ton habileté à la rapière a amené le combat avec le Brandebourgeois, dans lequel je t'ai enfermé, à une fin si perverse.

Alors la cousine Maud, elle-même folle de rage, la saisit de nouveau par le bras pour la tirer hors de la chambre, mais Ursule reprit d'un ton plus doux :

" Encore quelques instants, je vous en prie ; car par la Sainte Vierge et par tous les saints, je jure que je ne serais pas venu ici à une heure si tardive sans remettre mon message à Herdegen. "

Ma cousine l'a relâchée, et elle a sorti un papier écrit et a de nouveau demandé des nouvelles d'Ann ; cependant mon frère dit qu'il n'avait pas l'intention de la faire venir et qu'il désirait qu'elle lui remette le papier, si cela le concernait. A cela, elle répondit qu'il le saurait bientôt, dans la mesure où elle avait l'intention de le lire à la société, seulement elle aurait volontiers eu sa belle maîtresse parmi les auditeurs. Cependant, elle avait une voix assez forte, elle remerciait les saints, et les portes de la maison des Schoppers n'étaient guère plus épaisses que celles des autres maisons. La lettre qu'elle tenait en main lui avait été remise pour la remettre à Herdegen par le nouveau vicaire de Son Altesse l'électeur et archevêque de Trèves, qui était logé chez les Tetzel. Il n'avait pu le retrouver, pas plus que les hommes d'armes de l'Empereur ; il lui avait donc demandé de prendre garde à ce qu'elle le remette entre les mains de Junker Schopper. Mais en vérité, elle ferait encore plus et lui épargnerait la peine de le lire.

Alors mon frère, très en colère, lui ordonna de ne plus garder ce qui n'était pas le sien ; mais elle refusa, et tandis qu'Herdegen lui saisissait la main pour arracher le papier, elle criait au bohémien : « Donne-lui ce qui lui est dû, pour un coquin qui offense les jeunes filles, ce paria pour lequel je t'ai méprisé et méprisé ! tu n'es pas un idiot !"

Mon frère pourtant lui avait déjà arraché la lettre, et le bohémien, qui avait posé la main sur son poignard, se ravisa en rencontrant mon regard d'avertissement.

Ce fut un moment de terreur épouvantable, et Ursula, dont les cheveux étaient détachés, tandis que ses yeux bleus brillants, pleins de haine, lançaient des éclairs les uns sur les autres, se tenait accrochée à la lourde commode sur laquelle étaient exposés nos ustensiles d'argent et de verre, et " La lettre est de sa bien-aimée de Padoue, la marquise Bianca Zorzi. La lame de cet épéiste rusé l'a rendue veuve, et maintenant elle lui ordonne de revenir dans ses bras. La dame affectueuse et ardente est à Venise, et son intention est de s'y délecter d'amour et de plaisir avec l'assassin de son mari. Et lui, bien qu'il ait prêté mille vœux à la coquine du scribe, il exécutera les ordres de l'Italienne Circé, et s'il peut lui échapper des pièges, il tombera dans ceux d'un autre. Oh ! Je le connais ; et je sens dans mon âme que son destin sera de s'amuser avec les uns et les autres dans les délices et les ravissements, jusqu'à ce que les saints réalisent le désir le plus cher de mon cœur, et qu'il vienne à le désespoir, l'angoisse et le besoin, et la jeune fille du scribe lui brise le cœur sous mes yeux avec une tristesse et une pure honte. Loin, loin, Herdegen Schopper ! Allez vers la joie et vers le malheur ! Accompagnez votre compagnon aux cheveux noirs pâles. Réjouissez-vous et vautrez-vous jusqu'à ce que vous, qui avez piétiné le véritable amour de ce cœur, soyez rabaissés, aussi répugnant aux yeux des hommes qu'un lépreux et un mendiant.

Et elle secoua la commode, de sorte que la précieuse coupe en verre que les marchands allemands du Fondaco à Venise avaient offerte à mon père au moment de son départ tomba par terre et se brisa en morceaux avec un grand fracas.

Nous avions écouté ses délires comme envoûtés et figés ; et quand nous avons enfin pris courage de mettre un terme à ses propos insensés, voilà, elle était partie et dévalait les escaliers à grandes enjambées.

Herdegen, devenu pâle, avait du mal à se maîtriser. La cousine Maud, essoufflée de consternation, éclata en larmes ; la malédiction de la jeune fille sauvage était tombée lourdement sur son âme. Moi seul gardais la raison, jusqu'à aller à la fenêtre et la regarder. Je la vis marcher, la tête baissée ; le domestique portait la lanterne devant elle, et le bohémien lui parlait à l'oreille.

Quand je revins dans la chambre, la cousine Maud avait Herdegen dans ses bras et lui disait avec beaucoup de larmes que la malédiction des méchants n'avait aucun pouvoir sur un chrétien pieux et fidèle ; pourtant il la quitta en toute hâte pour chercher Ann, qui serait sans doute restée dans la chambre voisine, et qui avait peut-être besoin de son secours. Cependant la porte était ouverte, et nous pouvions à peine en croire nos yeux lorsqu'elle entra avec ce même sourire espiègle qu'elle avait l'habitude d'afficher lorsque, en jouant à cache-cache, elle s'était faufilée devant le chercheur, et elle s'écria : "Remerciez la Vierge que l'air soit à nouveau pur ! Vous pouvez rire, mais en vérité, j'ai fui jusqu'au grenier par peur de Maîtresse Tetzel. Est-elle venue chercher son époux ?"

Herdegen ne put s'empêcher de sourire à cette question, et nous fîmes de même ; même la cousine Maud, qui jusqu'à ce moment était assise sur le canapé comme écrasée, les pieds étendus devant elle, fit la grimace et s'écria : « Pour le chercher ! Ursula qui a attrapé la Bohémienne ! C'est un monstre ! de tels actes ont été vus dans notre bonne ville ?... Et sa mère était une femme si sage, si digne ! Et la coquine n'a que dix-neuf ans !... Père miséricordieux, que sera-t-elle à quarante ou cinquante ans, quand la plupart des femmes commencent seulement à être méchantes ! " Et ainsi elle continua quelque temps.

Bientôt, nous oubliâmes Ursula et toutes ces choses odieuses, et passâmes les heures précieuses dans une grande satisfaction, jusqu'après minuit, lorsque les Pernhart envoyèrent chercher Ann chez elle. Herdegen et moi marchions avec elle. Après des adieux douloureux mais pleins d'espoir, je suis rentré à la maison, m'appuyant sur son bras, dans la fraîche nuit d'automne.

Lorsque, pendant que nous marchions, je réprimandais Herdegen au sujet de la belle marquise et de sa lettre, il me déclara que pendant ces semaines malheureuses qu'il avait passées dans une amère nostalgie comme domestique dans la cabane de l'apiculteur, il avait appris à connaître son propre esprit. Ni la marquise, qu'il méprisait du fond du cœur, car, malgré toute sa beauté, elle était pleine d'astuces et de mensonges, non, ni même Dame Vénus elle-même ne pouvait maintenant le détourner de l'amour et du devoir qu'il avait juré. à Ann. Il s'embarquerait en effet plutôt à Gênes qu'à Venise, si ce n'était par honte de tant de craintes de sa propre faiblesse et s'il n'avait envie de revoir notre frère Kunz qu'il n'avait pas vu depuis si longtemps. .

J'ai eu du mal à y voir clair dans cette affaire. Pourtant, ne pourrais-je pas juger sage de lui refuser la première chance de se prouver vrai et honnête ? il me semblait également que la présence de notre jeune frère serait une garantie contre la tentation. Sous l'œil des photos de nos parents, je lui ai souhaité une bonne nuit pour les quelques heures jusqu'à son départ, et quand je les ai montrées, il m'a compris et m'a serré tendrement dans ses bras en disant : « N'aie crainte, petite mère Margery !

Nous étions de nouveau avec Herdegen ou c'était le matin. Pendant que nous dormions, il avait écrit une lettre affectueuse à mon grand-oncle, qui lui avait interdit hier sa présence, pour témoigner de son devoir et de sa reconnaissance.

Les coqs chantaient encore dans les cours, et les gens de la campagne arrivaient en ville avec des ânes et des chariots, lorsque je montai à cheval pour partir avec mon frère. Il était occupé dans la cour avec le nouveau domestique qu'il avait engagé, car Eppelein, qui, pour des raisons de sécurité, n'avait pas permis de se cacher avec lui, avait pour ainsi dire disparu de la surface de la terre. Bien plus, et nous savions pour quelle cause et raison, car dame Henneleinlein avait conseillé aux hommes du roi de le saisir, afin qu'il puisse être mis à la porte pour donner des nouvelles de l'endroit où se cachait son maître. S'ils l'avaient attrapé, ses membres robustes auraient vraiment eu un mauvais sort ; mais le valet au cœur léger était l'un des favoris des serviteurs et des filles de la cour, joyeux à la coupe de vin et à toutes sortes de jeux, et c'est ainsi qu'ils l'avaient cédé. Et ainsi, pendant que nous vivions au jour le jour dans une grande peur, une vieille charbonnière venait de la forêt deux ou trois fois par semaine et apportait du charbon à la cuisine pour le vendre, et même si elle était toujours renvoyée, pourtant reviendrait-elle et poserait-elle beaucoup de questions.

Pendant que nous attendions encore qu'Herdegen soit prêt, la vieille femme est arrivée avec sa charrette, et après avoir demandé quelques affaires nécessaires, elle a ôté son foulard en riant bruyamment, et voici, dans son herbe de femme, se tenaient Eppelein et aucun autre. Là-dessus, la joie fut grande et, en quelques minutes, le rusé gaillard redevint un cavalier robuste, quoique imberbe.

Le retour d'Eppelein a aidé la cousine Maud à surmonter le chagrin du départ. Pourtant, quand nous devions enfin partir, cela fut dur pour elle. À la porte, nous avons été accueillis par les Pernhart avec Ann et oncle Christian. Monseigneur le magistrat en chef était également là pour témoigner du départ d'Herdegen ; aussi Heinrich Trardorf, son camarade de classe le plus aimé, qui avait toujours été son fidèle ami.

Nous avions laissé les murs et les douves de la ville loin derrière nous, lorsque nous entendîmes des chevaux rapides sur nos talons, et Sir Franz, accompagné de deux serviteurs, se joignit à la compagnie. Mon frère eut bientôt trouvé une place aux côtés d'Ann, et nous avançâmes d'un pas tranquille ; et s'ils voulaient s'embrasser, penchés sur leurs selles, ils n'avaient à craindre aucun témoin, car la brume d'automne était si épaisse qu'elle cachait chacun de son plus proche voisin.

Nous allâmes ainsi jusqu'à Lichtenhof, et pendant que nous y faisions halte pour prendre un dernier congé, il me sembla que le Ciel allait nous faire une promesse amicale. La brume se dissipa brusquement comme au signal d'un magicien, et devant nous s'étendait la ville avec ses murs, ses tours et ses toits brillants, surmontés par la noble citadelle. Ainsi nous nous séparâmes dans une meilleure joie que nous ne l'avions cru, et les amants pourraient encore pendant un long espace se faire signe en agitant leur chapeau et leur foulard.

CHAPITRE VII.

Le départ d'Herdegen marque une nouvelle étape dans ma vie. Toutes les craintes à son sujet furent dissipées et une grande paix tomba sur moi.

J'avais appris par expérience qu'il était en mon pouvoir d'être maîtresse des chagrins de n'importe quel cœur, et je pouvais me dire que la sourde souffrance du malheur eût déplu à celui dont je tenais le plus au jugement. Se souvenir de lui était ce que j'aimais le plus, et je désirais sincèrement guider mes pas comme l'auraient été son souhait et sa volonté. Dans une certaine mesure, j'y suis parvenu et Ann a été pour moi une aide précieuse.

Mes yeux et mes oreilles s'ouvrirent à nouveau sur ce qui allait arriver dans le monde dans lequel mon amant avait vécu ; D'autant plus que des événements se produisaient maintenant dans le pays et à ses frontières qui préoccupaient profondément ma chère maison et la menaçaient de grand péril.

Après la dissolution de la Diète, l'électeur Frédéric de Brandebourg fut obligé de faire preuve de patience jusqu'à ce que les princes, les seigneurs et les hommes d'armes à cheval envoyés par les cantons, cinq ou six de chacun, puissent se rassembler à sa demande pour poursuivre le Hussites en Bohême. Une année fut ainsi passée sans rien faire ; Cependant, les rebelles bohémiens pouvaient utiliser leurs armes tous les jours et, au lieu d'attendre d'être attaqués, ils marchaient en avant pour attaquer. Certaines troupes d'hérétiques avaient déjà franchi les frontières, et notre bonne ville dut renforcer ses murs et creuser plus profondément ses douves pour se préparer à la tempête et au siège. Chaque fois que la Diète s'était réunie, de nombreuses mains avaient déjà travaillé sur ces bâtiments ; et à cette époque, chaque âme d'homme à Nuremberg, depuis les garçons jusqu'aux hommes aux cheveux gris, maniait la bêche ou la truelle. Chaque domestique de chaque maison, qu'il soit artisan ou patricien, et le nôtre avec les autres, était obligé de travailler dur pour creuser, et nos beaux jeunes maîtres se voyaient obligés de travailler sous le soleil ou sous la pluie, ou de commander aux autres ; et cela ne leur fit pas plus de mal que le Magister, dont la faiblesse et la maladresse rendaient moins les travaux bénéfiques que le travail n'en faisait à son corps fragile.

Partout où l'on voyait trois hommes discuter, c'était certainement des affaires d'État, et surtout des Hussites. Il s'agirait d'abord du message de paix du Roi ; de la résistance opposée par l'Électeur Palatin Louis, au sujet de la réception de l'Électeur ecclésiastique de Mayence comme Vicaire général de l'Empire ; de la perte de dignité du même révérend électeur à Boppard, et des retards et des méfaits qui doivent en résulter. Alors le bruit se répandit que le margrave Frédéric de Meissen, qui détenait maintenant les terres du défunt électeur Albrecht de Saxe en fief du roi, et dont le pays constituait un puissant rempart contre les Bohémiens, était sur le point de mettre un terme à la guerre. abomination de l'hérésie. Cependant, ni lui ni le duc Albrecht d'Autriche n'ont rien fait de bon contre l'ennemi ; et les choses allèrent assez mal dans tout l'Empire.

Les électeurs assemblés à Bingen se plaignirent beaucoup de l'arrêt du roi si loin, et avec raison ; et lorsqu'il les convoqua bientôt à une diète à Vienne, ils ne voulurent pas obéir. Le message de paix a été ridiculisé ; et combien de sang a été versé pour nourrir le sol du royaume au cours de nombreux et nombreux combats !

Et quel sort est arrivé à l'armée en laquelle on avait placé tant d'espoirs ? Le courage et l'habileté du chef furent vains ; la vaste multitude dont il était capitaine était composée de plusieurs parties, toutes dissemblables, et chacune avec son propre chef ; et la fureur des hérétiques les dispersa. De même, parmi nos paisibles citoyens, on ne se plaignait pas peu, et avec raison, qu'un roi doive diriger l'empire dont le royaume de Hongrie, avec les périls qui l'assaillent de la part des Turcs ottomans, des Bohémiens et d'autres ennemis, remplissait tant ses pensées. qu'il n'avait ni le temps, ni l'esprit, ni l'argent pour accorder les soins nécessaires à ses États allemands. Son trésor était toujours vide ; et quelles sommes la malheureuse guerre avec Venise seule avait-elle engloutie ! Il n'avait même pas trouvé l'argent nécessaire pour se rendre à Rome et être couronné empereur. Il n'avait pas réussi à rassembler les princes controversés de l'Empire sous un même chapeau, pour ainsi dire ; et tandis que son père, Charles IV, avait été appelé l'archi-beau-père de l'Empire allemand, Sigismond, quoique une âme au grand cœur, astucieuse et inquiète, méritait à peine un meilleur nom, dans la mesure où lui, comme l'ancien souverain Lorsqu'il devint héritier de sa patrie bohème, il ne sut même pas comment gérer cela comme le ferait un vrai père.

Pas une semaine ne s'est écoulée après le départ de Herdegen sans qu'une lettre de sa propre main parvienne à Ann, toute pleine d'amour fidèle. Moi aussi, il n'y avait pas si longtemps, j'avais reçu de telles lettres d'un autre, et il se trouva que celles-ci, qui apportèrent une grande joie à Ann, ne firent que me faire encore plus mal au cœur. Et quand je me levais de table silencieux et la tête baissée, le Magister me demandait souvent la permission de me suivre dans ma chambre et de me réconforter selon sa propre apparence. En toute bonne foi, il mettrait des livres sous mes yeux et s'efforcerait de m'inciter à y prendre plaisir comme au meilleur remède contre la lourdeur de l'âme. Les vies des puissants païens, telles que les a peintes son Plutarque, élèveraient, disait-il, même une âme faible à leur grandeur et la Consolatio Philosophiae de Boetius rafraîchirait sûrement mon cœur frappé. Cependant, une seule heure bien dépensée dans la vie, ou une seule action laborieuse et fructueuse pour le bien, m'a toujours apporté un meilleur réconfort qu'une pile entière de livres recouverts de peau de porc. Pourtant, certains versets de l'Écriture, ou quelque noble maxime sage et vraiment juste tirée des écrits des Grecs ou des Latins, sont tombés de temps en temps sur mon âme comme s'il s'agissait d'un grain de bonne graine.

C'est triste à dire, mais ces premières lettres d'Herdegen, toutes baignées de soleil, furent suivies d'autres qui ne pouvaient que nous faire peur. Les pèlerins avaient mis trop de temps à arriver jusqu'à Venise, parce que Sir Franz était tombé malade après avoir passé le Bienner, et que mon frère l'avait soigné avec diligence et fidélité. Ainsi arriva-t-il qu'un autre enfant de Nuremberg, bien que parti après eux, passa par là ; et c'était Ursula Tetzel, dont le père jugea bon de la renvoyer de la ville, où, en vérité, le sol était devenu trop chaud pour elle, dans la mesure où elle avait donné lieu à deux combats sanglants ; et la cousine Maud, certes, n'avait pas gardé le silence sur son comportement débridé dans notre maison.

Or, Maîtresse Mendel, sa tante, était partie il y a de nombreuses années pour la ville de Saint-Marc, et bien qu'il soit interdit à un noble de se marier avec une jeune fille étrangère, elle était depuis longtemps devenue, avec la permission de la République, la épouse de Filippo Polani, avec qui elle vivait encore dans beaucoup d'aisance et d'honneur. À Augsberg, à Ulm et à Francfort, il y avait de nombreuses familles nobles de parents et amis des Tetzel, mais elle avait choisi d'aller chez cette tante à Venise ; et sans doute l’espoir d’y rencontrer Herdegen, que ce soit par amour ou par haine, avait pesé sur elle.

C'est ainsi qu'elle le trouva à Brixen, où il resta avec le chevalier malade ; et il écrivit que, à mesure que cela tombait, il avait eu plus affaire avec elle et son père qu'il ne s'en souciait, et que dans un endroit étranger beaucoup de choses étaient légèrement aplanies, tandis que chez elles, les murs et les douves les auraient séparés ; bien plus, qu'en Italie, le Nuremberger appellerait même un homme de Cologne son compatriote.

Pour ma part, je ne concevais pas du tout que ces deux-là se disent toujours un mot gentil, et cette rencontre, en vérité, me plaisait mal. Cependant, sa lettre suivante nous réconforta davantage. Il avait alors vu Kunz, le rencontrait avec joie et était logé au Fondaco, la salle des marchands allemands, où Kunz avait également sa propre chambre.

La lettre suivante de Herdegen de Venise nous apporta la mauvaise nouvelle que la peste avait éclaté et qu'il ne pouvait trouver aucun compagnon pour voyager avec lui, car, aussi longtemps que la maladie ferait rage à Venise, ses navires ne seraient pas autorisés à jeter l'eau. mouiller dans n’importe quel port maritime du Levant. Et une grande peur m’envahit, car notre cher père était devenu la proie de ce mal.

Dans sa troisième ou quatrième lettre, notre pèlerin nous racontait, avec un peu de mépris, que la marquise Zorzi, qui en effet était partie de Padoue et s'était liée d'amitié avec Ursula dans la maison de Filippo Polani, lui avait demandé de la servir. , par une de ses pages ; Pourtant, il pouvait être fier – dit-il – du refus autoritaire et inébranlable auquel il avait répondu, une fois pour toutes. En vérité, j'ai été ému par des craintes plus profondes par ce que mes deux frères ont écrit à propos des barges noires, chargées jusqu'au plat-bord de cadavres nus, qui se faufilaient le long des canaux dans la nuit silencieuse, pour jeter leur terrible fret dans les cimetières du rivage. , ou en pleine mer. La peste faisait rage près du Fondaco, et mes deux frères vivaient au milieu des morts ; bien plus, et Ann savait qu'Ursula ne quitterait pas son amant, bien que le Palazzo Polani, où elle avait trouvé logement, se trouvait à côté du Fondaco.

Cependant, si difficile à concevoir, jamais la musique n'avait résonné avec plus de délices dans les bals de Venise, ni l'argent n'avait été plus facilement jeté de main en main sur les tables de jeu, ni, à aucun moment, y avait-il eu des ébats amoureux plus chauds. Il faut que chacun ait eu envie de jouir, dans le court espace de vie qui pourrait encore être le sien, de tous les délices de longues années. — Et la principale d'entre elles était la marquise Bianca Zorzi.

Quant à Herdegen, il ne supporta pas longtemps les chambres étroites de la maison Fondaco ; poussé par l'impatience et le mal de cœur, il était du matin au soir dans son bateau, ou sur la grande place, ou sur les routes fluviales ; et dans la mesure où il volait toujours là où se trouvaient des dames de rang et de beauté, comme un papillon de nuit vole vers la lumière, cette méchante femme était toujours sur son chemin, jour après jour, et chaque fois que ses hôtes le souffraient, Ursula serait avec elle. Bien plus, et la jeune fille allemande, qui avait mieux appris des sœurs chartreuses, n'avait pas honte d'aider et d'encourager cette pécheresse italienne. Mon frère courait donc un grand péril, car la prophétie d'Ursule ne s'accomplirait pas par sa propre faute. En effet, il avait déjà le pied dans le printemps, dans la mesure où il ne pouvait pas refuser à la marquise de se rendre chez elle le jour de sa fête. C'était une puissance supérieure qui s'interposait entre eux, lui accordant un repentir miséricordieux mais douloureux ; la peste, bourreau infatigable de la mort, arracha parmi les vivants la belle mais pécheresse. Ursula se lamentait sur elle comme si c'était sa propre sœur qui était morte ; et il semblait que la marquise voulait maintenir le lien qui les avait unis au-delà de la tombe, car c'est à ses funérailles que le fils d'une des plus anciennes et des plus nobles familles de la République vit pour la première fois maîtresse Ursula Tetzel, et était enflammé d'amour pour la jeune fille. On l'avait vue maintes fois à l'étranger avec la marquise ou avec les Polani, et les jeunes gentilshommes de la Signoria, les peintres et les poètes l'avaient bien remarquée ; la teinte dorée naturelle de ses cheveux était un étonnement et un délice pour les Italiens ; en effet, bien des dames aux cheveux noirs et des coquines ordinaires s'asseyaient sur son toit, s'efforçant en vain de décolorer leurs propres mèches. Il en était de même de sa peau de velours, qui, même à Nuremberg, avait maintes fois fait penser à la servante du conte de Blanche-Neige et Rose-Rouge.

C'est ainsi qu'Anselmo Guistiniani avait entendu parler d'elle du vivant de sa cousine la marquise Zorzi, alors qu'il était absent de Venise pour des affaires d'État. Et quand il la vit de ses propres yeux parmi les personnes en deuil, sa paix de cœur prit fin ; il s'est immédiatement mis à la gagner . Cependant Ursule rencontra son noble prétendant avec une froideur glaciale, et quand lui et Herdegen se réunirent au palais Polani, où elle logeait, elle fit comme si elle ne voyait pas du tout mon seigneur et n'avait d'yeux ni d'oreilles que pour mon frère ; jusqu'à ce que ce soit plus que ce que Guistinani pouvait supporter, et il partit brusquement. La lettre de Herdegen, qui nous disait toutes ces choses, était pleine d'une bienveillante pitié pour la belle et malheureuse demoiselle qui s'était si bassement humiliée envers lui, parce que son amour ardent lui avait retourné le cerveau et qu'elle désirait toujours qu'il le quitte. à qui elle était fidèle depuis son enfance. Elle l'avait avoué librement, même sous les yeux d'un prétendant aussi noble qu'Anselmo Giustiniani ; et même si Ann pouvait être sûre de sa constance, même malgré Ursula, il ne nierait pas qu'il pouvait beaucoup pardonner à Ursula en ce sens qu'elle avait beaucoup aimé, comme le dit l'Écriture. Toute ombre de danger pour lui avait disparu ; il avait déjà fait ses adieux à Ursule et devait partir le lendemain matin pour Gênes, laissant derrière lui la ville frappée par la peste, et s'y embarquerait. C'était bien qu'il s'en aille, car hier, lorsqu'il avait souhaité bonne nuit à Ursula, Giustiniani lui avait fait comprendre que lui, Herdegen, le gênait ; chez lui, il aurait montré ses dents, et avec raison, à quiconque aurait osé lui parler, mais à Venise, il était interdit à tout homme qui logeait au Fondaco de se servir des armes, et il avait entendu parler d'Anselmo Giustiniani. que lui, contrairement au reste de sa noble race, qui étaient des hommes bienveillants et des mécènes du savoir, bien qu'il fût un homme d'État prudent et utile à la ville, était un homme sévère et violent. En vérité, c'est ce qu'un homme pourrait lire dans ses yeux noirs et sombres ; et bien des étrangers, malgré tous leurs nobles et chevaliers, qui s'étaient brouillés avec un signor vénitien de son grade, avaient disparu à jamais, personne ne savait où.

Tandis que nous lisions ces mots, le sang disparut de la joue d'Ann ; mais je serrai les dents, car je puis avouer que les manières et les paroles d'Herdegen ont éveillé ma colère. En présence d'Ann, je pouvais, bien sûr, cacher ma colère ; mais quand j'étais seul, j'ai frappé mon poing droit dans ma main gauche et je me suis demandé si un homme ou une femme était la créature la plus vaine ? Car qu'est-ce qui attirait encore mon frère vers cette servante qui l'avait toujours poursuivi et l'objet de son amour avec une haine cruelle, si fortement, en effet, qu'il aurait été prêt à la chérir et à la réconforter, si ce n'est la joie de se retrouver... un simple Junker de race urbaine, préféré à ce grand noble ? Pour ma part, je vis bien qu'Ursula jouait à nouveau le même jeu qu'elle avait joué ici avec Herdegen et le Brandebourgeois. Elle parla honnêtement de l'homme qu'elle détestait devant le marquis jaloux, seulement pour attiser la fureur de ce puissant noble contre mon frère.

Après tout cela, mon cœur s'est réjoui lorsque nous avons reçu la première lettre d'Herdegen écrite de Gênes, voire à bord du galion qui devait le transporter, Sir Franz et Eppelein, à Chypre. En cela, il a fait savoir qu'il avait quitté Venise sans encombre ni empêchement, et il nous a fait ses adieux avec une telle bonne humeur, un tel amour et un tel espoir, qu'Ann et moi avons oublié et pardonné de tout notre cœur tout ce qui nous avait mis en colère. Cette dernière salutation est venue comme un bouquet d'amour parfumé, et elle nous a aidés à penser au long pèlerinage de Herdegen comme lui-même – comme à une chevauchée vers la forêt. Par cette lettre, nous savions également qu'il n'avait jamais su à quel péril il avait échappé ; car bientôt j'appris par Kunz que des assassins à gages s'étaient abattus sur lui le lendemain soir après le départ d'Herdegen, dans la rue tortueuse appelée Saint-Chrysostome, à l'arrière de la maison des marchands allemands ; oui, et ils l'auraient facilement maîtrisé si certains grands et puissants emballeurs de balles tyroliens du Fondaco étaient venus à son secours, sinon il serait trop tard. Et il était bien certain que ces meurtriers étaient à la solde de Giustiniani et qu'au crépuscule ils avaient pris Kunz pour son frère, qui lui ressemblait un peu. Le plus jeune s'en est sorti indemne grâce à la miséricorde particulière des saints, mais il aurait très bien pu arriver que, comme autrefois à l'école, il ait dû supporter le châtiment des méfaits de Herdegen. Et tandis que je pense ici aux nombreuses façons dont mon frère aîné a prospéré et a pris le dessus sur le plus jeune, et à d'autres cas similaires, il me semble que c'est le lot de certains de laisser les autres, et non leurs supérieurs, se tenir debout. sous leur soleil, et mangeront les fruits mûris sur leurs arbres.

Cependant, Herdegen avait par hasard échappé à une vive bagarre ; et quand Ann et moi, agenouillés côte à côte dans l'église Saint-Laurent, avions remercié du fond du cœur, il me semblait que nous étions comme un capitaine qui chante le Te Deum après une victoire.

Pourtant, comme souvent au mois de mai, quand pendant un certain temps le bain de soleil brillait de la chaleur et de la gloire de l'été, vient une période sombre avec des jours sombres et de fortes gelées la nuit, ainsi avons-nous jugé le long espace qui a suivi cette période heureuse. et une pieuse fréquentation de l'église. Les jours se transformaient en semaines et les semaines en mois et nous n'avions aucune nouvelle, aucun mot de nos pèlerins, ni en bien ni en mal.

En vérité, ce fut presque un réconfort et une aide lorsque ceux qui étaient aux aguets, Kunz et d'autres amis, annoncèrent comme certaine nouvelle que le galion qui transportait Herdegen à Chypre et qui appartenait aux Lomellini de Gênes, avait été perdu en mer. Des pirates sarrasins, racontait-on, s'étaient emparés du navire ; mais il était impossible d'en savoir davantage sur ce qui était arrivé à l'équipage et aux voyageurs, bien que Kunz se rendit aussitôt à Gênes et que les Futterer, qui y possédaient leur propre maison et leur commerce, firent tout ce qu'ils pouvaient pour retrouver leurs traces. . Le maillon le plus ancien et le plus fin de la chaîne Schopper avait, à notre avis, été arraché, peut-être pour toujours ; la mort de son amant avait désormais rendu la vie amère au troisième et au dernier, et seul celui du milieu, Kunz, restait indemne et toujours tel qu'il aurait pu réjouir le cœur de ses parents de le voir. C'est du moins ainsi que je le considérai, quand après une longue séparation je le revis une fois de plus, un bel homme, grand et de belle physionomie. Tout ce qui avait toujours été bon et digne en lui s'était épanoui et s'était bien développé à Venise, ce lycée de la classe marchande ; mais où était la gaieté souriante qui l'avait marqué dans sa jeunesse ? Le même calme sincère brillait dans son regard sage et doux, et résonnait dans la voix grave qu'il avait maintenant.

Mon grand-oncle ne l’avait estimé que légèrement, tant qu’Herdegen faisait ses délices ; mais alors que Kunz avait rendu de bons services à Venise et que le maître de la maison Im Hoff y était mort, et que notre tuteur lui-même, sur qui était tombé une grave maladie, se livrait jour et nuit pour mourir, il avait peu à peu peu, confié toutes les affaires du commerce à son jeune neveu ; c'est ainsi que Kunz, alors qu'il n'avait que vingt ans, fut appelé à gouverner des affaires qui ne sont généralement confiées qu'à un homme mûr. Mais sa puissance et sa sagesse grandissaient avec le poids de son fardeau. Que ce soit à Nuremberg ou à Venise, il se levait toujours tôt et était prêt, s'il le fallait, à renoncer à sa nuit de repos, assis à son bureau ou voyageant à grande vitesse ; et il semblait n'avoir ni yeux ni oreilles pour les plaisirs de la jeunesse. Ou quand il avait vingt-quatre ans, j'ai trouvé les premiers cheveux blancs dans ses mèches brunes. Beaucoup estimaient que la gravité peu commune de ses manières venait du poids des soins qui lui avaient été imposés si jeune, et en vérité non sans raison ; pourtant le cœur de ma sœur était conscient d'une autre cause. Quand j’ai eu la chance de voir son regard se poser sur Ann, j’en savais assez ; et il était certain que je ne m'étais pas trompé dans ma pensée, lorsqu'un jour la vieille dame Pernhart, en sa présence, parla d'Ann comme de sa pauvre et chère petite veuve, et le sang lui monta au front.

J'aurais volontiers adressé un mot d'avertissement à Ann lorsqu'elle l'aurait remercié avec un amour sincère et fraternel pour tous les efforts qu'il avait déployés, avec une patience inébranlable, pour retrouver le moindre signe de notre frère perdu. Et combien belle était l'épouse abandonnée en ces jours d'attente et de désir las et insatisfait !

Pauvre Kunz! Sans aucun doute, il l'aimait ; et pourtant, ni par ses paroles ni par ses actes, il ne lui laissa deviner le désir de son cœur. Lorsque, vers cette époque, mourut le vieux Hans Tucher, l'un des chefs les plus dignes et les plus sages de la ville et du conseil, Kunz offrit à Ann, pour sa fête, un livre de prières avec la devise du vieil homme, qu'il y avait écrite. pour la confirmation de Kunz, qui était la suivante :

"Dieu gouverne toutes choses pour le meilleur
et envoie enfin une fin heureuse."

Et Ann a accepté le cadeau avec plaisir ; et plus d'une fois, quand, après une certaine déception, mon esprit s'effondrait, elle me montrait la promesse « Et m'envoie enfin une fin heureuse ».

Sur quoi je la regardais, confus et honteux ; car c'est une chose de ne pas désespérer, et une autre de compter avec une confiance inébranlable sur une issue heureuse. En vérité, elle pourrait faire cela ; et quand je la voyais jour après jour accomplir ses tâches laborieuses, accomplissant avec courage et gaieté les exercices durs et amers que son père confesseur lui commandait, afin qu'elle puisse gagner la faveur des saints pour son amant, j'ai compris que l'Apôtre Il a dit vrai quand il a dit que l'amour espère tout et croit tout.

Cependant il ne lui était pas facile, ni à nous, de conserver notre confiance ; de temps en temps, une trace de l'homme perdu apparaissait au jour et, dès que Kunz la suivait, elle disparaissait dans la brume comme une lanterne citrouille. Et souvent, lorsqu'il échouait, il ne se lassait pas trop ; Et un jour, alors qu'il séjournait à Nuremberg et qu'on apprit de Venise qu'un certain Allemand, peut-être Herdegen, demeurait esclave à Joppé, il se prépara à partir vers cet endroit pour le racheter immédiatement. Mon grand-oncle, qui, face à la mort, luttait avec acharnement pour gagner la grâce du ciel par de bonnes œuvres, le laissa partir et, à ma prière, il emmena avec lui mon écuyer Akusch, dans la mesure où il parlait encore l'arabe, ce qui était sa langue maternelle. J'ai également prié Kunz de prendre soin de rendre le garçon à son peuple, s'il lui arrivait de les retrouver, même si jusqu'ici nous avions fait des recherches à leur sujet en vain. C'est ce qu'il m'a promis de faire ; Pourtant, bien que ce bon garçon avait souvent désiré revoir sa terre natale, et même s'il avait fait l'éloge de son soleil brûlant, dans nos froides saisons d'hiver, il lui était difficile de nous quitter ; et lorsqu'il me quitta, il ne put cesser de m'assurer que dans son pays il ferait tout ce qu'il pourrait pour retrouver le frère de sa maîtresse bien-aimée.

Ainsi ils partirent vers le Levant ; et cela encore une fois nous étions voués à de vains espoirs. Kunz ne trouva pas celui qu'il cherchait, mais un sauvage soldat suisse tombé aux mains des Sarrasins. Il l'a racheté, comme étant un chrétien, pour une petite somme d'argent ; et quant à Akusch, il le laissa à Joppé, alors que ses parents étaient égyptiens et qu'il croyait y avoir trouvé une trace d'eux.

Kunz n'y alla pas avec lui, car à Alexandrie tout avait été fait pour découvrir et racheter un captif franc. Akusch n'y restait pas non plus oisif, et d'ailleurs le destin y avait amené un autre enfant de Nuremberg.

Ursula était devenue l'épouse du marquis Anselmo Giustiniani, grâce à une faveur spéciale du grand conseil, et était venue avec lui en Egypte, où il fut envoyé par la République comme consul. Là, elle demeurait maintenant avec son noble seigneur, et dans de nombreuses lettres à mon grand-oncle, elle lui déclara chaleureusement que, autant que possible, tout devrait être fait pour découvrir où pourrait être l'amant de sa jeunesse. Son mari était le Franc le plus puissant de tous les domaines du sultan, et ce fut une joie pour elle de voir avec quelle diligence il cherchait la jeunesse perdue. Herdegen, en effet, avait mal récompensé son amour d'enfant, et pourtant elle ne connaissait pas de vengeance plus noble que de l'obliger à le remercier, envers elle et son mari, pour la libération et la rançon. Ces paroles venaient sans doute du fond de son cœur ; elle n'était pas une vraie femme si elle ne pouvait pardonner à un homme malheureux les péchés d'une époque plus heureuse. Et par-dessus tout, elle était toujours d'un esprit téméraire et anarchique, et véridique même au mépris de la modestie et des bonnes manières, plutôt que rusée et douce de langue.

Pourtant, elle n'a pas non plus réussi à retrouver le vagabond disparu, et les semaines et les mois se sont transformés en années pendant que nous attendions en vain. C'est le vingt-deuxième jour de mars du deuxième douze mois après le départ d'Herdegen que les trésors du royaume, et parmi eux un clou de la Croix et la pointe de la lance avec laquelle ils transpercèrent le côté du Seigneur, devaient être apportés. Je suis entré dans la ville en procession solennelle, et moi et beaucoup d'autres sommes allés à sa rencontre. Ils furent amenés ici de Blindenberg sur le Danube, et l'empereur les envoya en signe de sa grâce, afin que nous puissions les garder en sécurité dans nos solides murs. Ils avaient été amenés jusqu'ici en secret, sous prétexte que le chariot dans lequel ils étaient transportés transportait des cuves de vin, et une grande foule s'était rassemblée avec des cris de joie pour saluer ces précieuses choses. Les prisonniers étaient libérés en l'honneur de leur arrivée ; et pour ma part, je me soucie très bien de la journée, car j'ai laissé tomber mon herbe noire de deuil et je suis sorti en costume de fête coloré pour la première fois depuis longtemps.

Si, en vérité, j'avais pu, par un bon courage, me débarrasser en temps voulu du poids oppressant de mon chagrin, je le devais en grande partie à la forêt, où nous allions, maintenant comme autrefois, pour séjourner au printemps. et les saisons d'automne - et à sa guérison magique. Combien de fois me suis-je reposé sous ses arbres bien connus et me suis-je tourné silencieusement vers le passé. Et quand je pense à ces jours-là, je me demande souvent si les vrais moments de bonheur eux-mêmes ou ces heures de joie plus calme dans le souvenir étaient vraiment les meilleurs.

Alors que j'étais assis dans les bois, réfléchissant et rêvant, il y avait beaucoup de choses à voir et à entendre pour l'oreille. Les nuages volaient en silence, et le vert tendre à mes pieds, avec tout ce qui poussait sur les arbres et les buissons, dans l'herbe et au bord de la piscine, formait un monde paisible, innocemment juste et plein de charmes précieux. Ici, rien ne me rappelait l'agitation de l'humanité, avec sa hâte, son bruit, ses combats et son désir, et c'était un délice ; les bruits de la forêt non plus. Le chant des oiseaux, le bourdonnement des hanneton et des abeilles, le murmure des feuilles, et tous les bruissements et bruissements de la forêt étaient sa langue maternelle.

Pourtant, ce n'est pas le cas ! Il y avait en vérité une âme humaine à laquelle je pensais toujours en pensant et en rêvant dans ces bois et à travers laquelle j'avais connu pour la première fois la joie d'aimer, et c'était le jeune dont la maison était ici, dont ma tante aspirait jour et nuit. , dont on m'avait toujours demandé de chanter les chansons préférées à mon oncle quand il prenait les rames dans ses vieilles mains fortes le soir et nous ramait sur la piscine - lui qui, par aventure, avait depuis longtemps suivi mon amant et était mort dans quelque terre lointaine.

Ann, qui était toujours diligente, prenait moins de plaisir à rêver vainement ; elle porterait toujours un livre ou une broderie à la main. Ou bien elle resterait seule avec ma tante ; et tandis que ma tante la considérait maintenant comme sa compagne de chagrin et pouvait lui parler du malheur de penser aux êtres les plus chers de la terre aussi éloignés et à moitié perdus, ils se rapprochèrent l'un de l'autre, et ce fut une douleur amère lorsque notre le devoir nous ramena une fois de plus en ville. À la maison également, nous pensions toujours à Herdegen, mais le soleil était aussi brillant et les visages des enfants aussi chers qu'auparavant, et nous pouvions accomplir les tâches du moment avec un esprit frais.

Si de temps en temps le chagrin jetait une ombre plus sombre sur Ann, l'étoile de Hope brillait néanmoins avec plus de réconfort pour elle que pour moi et ma cousine Maud ; et il était rare qu'on pût remarquer qu'elle avait du chagrin. En vérité, il y avait bien d'autres choses que ses devoirs quotidiens et ses courses à l'intérieur et à l'extérieur de la maison pour la tromper de ses craintes pour son amant perdu. Tout d'abord vint le frère de son beau-père,

Son Éminence le cardinal Bernhardi — car Sa Sainteté avait élevé l'évêque à cette dignité — de Rome à Nuremberg, où il logea dans la maison de ses pères. Or, ce haut prélat était un homme comme je n'en avais jamais rencontré, et son beau visage, imberbe certes, mais d'un brun viril, avec ses grands yeux perçants, me paraissait comme un livre magique, ayant le pouvoir de contraindre. d'autres, même contre leur gré, pour mettre en avant tout ce qu'ils avaient de grâce et de bons dons. Pourtant il n'était ni grave ni sombre, mais joyeux et prêt à plaisanter avec nous, jeunes filles ; seulement, dans ses plaisanteries, il y avait toujours une intention secrète d'éveiller la pensée, et chaque fois que je quittais sa compagnie, je pensais avoir profité quelque peu dans mon âme.

Il accorda également au Magister l'honneur de le connaître ; et tandis qu'il apportait des nouvelles de certains manuscrits grecs nouvellement importés en Italie, maître Pierre rentrait chez lui comme ivre de vin, et ne pouvait s'empêcher de se vanter de l'honneur qu'il avait eu d'avoir un discours avec une telle perle parmi les humanistes.

Monseigneur Cardinal était très heureux de revoir sa maison ; mais ce qu'il aimait le plus, c'était Ann. Bien plus, si cela lui avait été confié, il l'aurait emmenée à Rome avec lui. Mais malgré tout, elle était désireuse d'admirer un tel homme avec un profond respect et d'attendre avec amour ses ordres, mais elle ne reculerait pas pour autant du devoir qu'elle s'était chargé de prendre soin de ses frères et sœurs, et principalement de le garçon sourd et muet. Et elle considérait également qu'elle était une sentinelle à son poste ; c'était à Nuremberg que tout était prévu pour rechercher Herdegen, et c'est là que devaient arriver les premières nouvelles qu'on pourrait avoir de lui. La vieille grande dame aussi était plus que jamais liée à elle, et aussitôt que milord Cardinal comprit que sa vieille mère souffrirait grandement de la perdre, il renonça à son désir.

Quant à moi, je vivais une vie très heureuse avec la cousine Maud ; jamais je n'avais été plus près de son cœur. Tant qu'elle croyait que son réconfort ne pouvait guère remédier à mon malheur, elle m'avait laissé à moi-même ; et dès que j'eus envie de me servir à nouveau de mes mains et de chanter un morceau en parcourant la maison, il me sembla que son ancien amour s'épanouissait avec une double force. Il me semblait que je ne pouvais que lui témoigner ma gratitude, et mon oreille et mon cœur étaient toujours ouverts lorsqu'elle était émue de parler de son bien-aimé Herdegen et de me révéler toutes les aventures merveilleuses qu'il avait vécues dans son imagination. Et cela arrivait presque tous les soirs, depuis l'heure où nous nous déshabillions jusqu'à longtemps après que nous soyons allés nous reposer ; et je tenais à garder les yeux ouverts pendant que, pour la vingtième fois, elle m'expliquait ses visions farfelues : que les Mamelouks d'Egypte, qui étaient tous esclaves et dont le sultan était choisi parmi eux, avaient sûrement placez Herdegen sur le trône, le considérant comme le plus bon et le plus noble de tous. Et peut-être n'aurait-il pas refusé cet honneur s'il avait ainsi pu les détourner de leur paganisme et faire d'eux de bons chrétiens. Bien plus, il n'était pas non plus difficile pour elle d'imaginer Ann parée de soie et de pierres précieuses comme une sultane. Et puis, quand je m'endormais en écoutant ces fantaisies qu'elle aimait peindre dans tous leurs détails, voici que je rêvais de Turcs et de païens ; et de batailles sanglantes sur terre et sur mer.

Aucun homme ne peut raconter ses rêves en jeûnant ; mais dès que j'avais mangé ma première bouchée, elle me disait de tout lui dire, jusqu'à la moindre bagatelle, et cherchait solennellement l'interprétation de chaque vision.

CHAPITRE VIII.

Monseigneur le Cardinal était parti de Nuremberg depuis longtemps, parce qu'il était chargé par Sa Sainteté le Pape d'une mission qui le conduisait à travers Cologne et les Flandres jusqu'en Angleterre. Dans la mesure où il ne lui permettait pas d'avoir Ann elle-même en sa compagnie, il conçut le désir de posséder son image dans un tableau ; et il envoya ici à cet effet un maître de bonne renommée, de la corporation des peintres de Venise. Nous devions remercier ce bon limner pour de nombreuses heures agréables. Sir Giacomo Bellini était un jeune homme plein d'esprit, connaissant de nombreuses chansons italiennes, et qui nous faisait un bon passe-temps pendant que nous étions assis devant lui ; car je devais aussi être mince, dans la mesure où la cousine Maud le voulait ainsi, et l'œil du peintre était très content de mes cheveux jaunes.

Alors qu'il ne parlait jamais un mot d'allemand, c'était notre rôle de lui parler en italien, et cet exercice ne me convenait pas. Aussi, je n'aurais guère pu avoir un meilleur maître à m'instruire que Giacomo Bellini, qui s'est mis immédiatement à conquérir mon cœur et à me faire tourner la tête ; non, et il aurait pu le faire s'il n'avait avoué dès le début qu'il avait une jeune et belle épouse à Venise, même s'il avait déjà soif d'un nouvel amour.

Ainsi, grâce à lui, j'appris à quel point il faut un contact léger pour renverser la vraie foi d'un homme ; et quand je pensais à Herdegen et Ann, et à ce Giacomo, qui était pourtant un homme bon et bien gracieux, et à sa jeune épouse, il me semblait que la femme qui pouvait gagner l'amour d'une âme hautement douée devait souvent payer pour cette grande joie avec beaucoup de lourdeur et de chagrin.

Cependant, je me souviens avec un véritable amour de l'esprit joyeux et de la sportivité multiple qui ont marqué notre camaraderie avec le limner italien ; et après cela, je lui avais fait comprendre clairement et fortement que le cœur d'une jeune fille de Nuremberg n'était pas une chose légère ni un jouet, et que ses lèvres mêmes étaient un sanctuaire que son mari trouverait un jour pur, tout allait bien entre nous.

Le tableau d'Ann, le premier qu'il a peint, la représentait comme Sainte Cécile écoutant la musique qui sonne du ciel à ses oreilles. Deux adorables anges flottaient sur de minces nuages au-dessus de sa tête, chantant des hymnes à la mandoline et à la viole. Ainsi avait ordonné monseigneur le cardinal, et l'ouvrage était si excellent que, si la sainte elle-même daignait le regarder du haut du ciel, il était certain qu'il lui plaisait à ses yeux.

Quant à ma propre présentation ; Au début, je pensais que je porterais ma robe de brocart couleur pêche avec des dauphins argentés dessus, parce que j'avais porté cette herbe tôt le matin après la danse, lorsque Hans a fait ses derniers adieux affectueux à la porte de notre maison. . Mais alors qu'un jour froid j'entrais dans la chambre de travail de maître Giacomo avec une cagoule rouge et un manteau vert bordé de fourrure de zibeline, il ne me peindrait désormais plus sous une autre forme. Au début, il voulut me présenter comme allant à l'église ; puis il a estimé qu'il ne montrerait peut-être pas mon apparence et mon apparence si j'avais la tête et les yeux baissés. C'est pourquoi il m'a donné le faucon sur ma main qui était autrefois le cadeau de mon amant. Mes yeux étaient fixés au loin comme si j'guettais un héron ; ainsi j'avais vraiment l'air d'un chasseur : « chaste Diane », dit le peintre en lui rappelant les reproches que je lui avais si souvent adressés. Mais il serait difficile de raconter toutes les manières par lesquelles le peintre m'incitait à le réprimander. Quand la ressemblance n'était plus qu'à moitié réalisée, il a peint son propre visage joyeux sur le faucon à mon poignet qui me regardait avec une langueur idiote. Alors, quand il nous quitta, je pris la craie rouge et j'écrivis sur un endroit clair devant le visage le nom de sa femme et au-dessous l'image d'une tige de bouleau ; et le lendemain il apporta avec lui un très agréable Sonnet, que j'aurais à peine pardonné s'il ne l'avait pas offert si humblement et ne l'avait pas lu d'une voix si douce. Et, étant clairement interprété, c'était comme suit :

"Sur l'Olympe, où habitent les dieux
qui, avec tout-puissant, gouverneront la terre et le ciel, voici ! Je vois le plus grand de tous Jupiter, sur son trône avec Junon à ses côtés. Un noble couple marié. Dans le monde entier, l'œil peut en vain ils cherchent et ne trouvent pas leurs pareils. Les nations se pressent vers son sanctuaire, et les rois, frappés de mutisme, jettent leurs couronnes d'or.

" Pourtant, même ceux-là ne sont pas un pour toujours.
Le dieu s'enfuit de la déesse. — Et un cygne doit maintenant, l'esclave des charmes de Léda.

"Ainsi je vois les rayons de ton œil brillant,
et je dis adieu à ma maison, moi, malheureux esprit, je vole comme le dieu, belle jeune fille, pour t'adorer !"

Bien que je lui ai permis de réciter ces lignes jusqu'au bout, je me suis détourné de lui avec un visage de grande colère et j'ai déchiré le papier sur lequel elles étaient écrites en deux moitiés que j'ai jeté derrière le poêle. Je n'ai pas non plus mis de côté mon air colérique et offensé jusqu'à ce qu'il me demande humblement pardon. Pourtant, lorsque je l'ai accordé, et qu'il a immédiatement quitté la chambre, j'ai, je l'avoue, ramassé le papier déchiré et l'ai remis dans mon sac de ceinture. Il me semble même que j'avais intentionnellement l'intention de le louer seulement en deux, afin de pouvoir mieux le rejoindre à nouveau. Ainsi, à ce jour, il repose dans ma poitrine, avec d'autres reliques du passé ; pourtant je crois en vérité qu'un autre Sonnet, que Sir Giacomo trouva le lendemain, posé sur son chevalet, n'était pas aussi précieux pour lui. C'était ainsi :

"Il y avait un certain Hans, et il était désireux d'essayer,
comme Jupiter Olympien, les arts magiques de la sorcellerie sur une jeune fille bien-aimée. L'aventure est audacieuse, mais le prix est doux ! " Adieu, bonne épouse, " dit-il, "Ou avant que l'aube ne se lève, je dois avancer. Comme Jupiter, je serai béni et bénirai avec amour, et à l'image d'un cygne."

"Le sortilège l'a changé. Avec une couronne
autour de sa tête, il considère qu'il ne lui manque rien De ce qui peut le mieux séduire l'âme d'une jeune fille.

"Ainsi, vers la belle Léda, le malheureux s'envole. —
Avec une gaieté bruyante, la dame contemple l'oiseau. 'Une bonne et belle oie ! Tu feras un bon rôti.'"

Cependant Giacomo ne voulait pas laisser ce verset sans réponse ; et jusqu'à ce jour, si vous regardez de près l'image, vous pouvez voir une tête d'oie profondément ombragée parmi les arbustes à l'arrière de l'image, mais clairement visible.

Malgré de nombreuses petites querelles de ce genre, nous nous aimions bien, et je peux noter ici que lorsque, l'année suivante, qui était l'année de notre Seigneur mil quatre cent vingt-six, il lui naquit un petit fils, devenu adulte depuis. être un peintre très célèbre, connu sous le nom de Giambellini, c'est-à-dire Giovanni, ou Hans, Bellini, moi, Margery Schopper, j'étais son sponsor près des fonts baptismaux. Oui, et j'ai toujours été pour lui un véritable dieu, et ce peintre pourrait en effet remercier mes amis et mes parents lorsqu'il fut chargé d'un certain bureau au Fondaco à Venise, qui lui vaut chaque année quelques centaines de ducats, jusqu'à ce jour.

Ainsi furent terminés les portraits, et quand je me vois moi-même regarder depuis le large cadre avec un regard si joyeux et pourtant si désireux, il me semble que Giacomo a dû lire le livre de mon âme et avoir su très bien présenter ce qu'il y a vu. ; à cette époque, en vérité, j'étais une jeune créature heureuse, et la douleur et le désir qui m'envahissaient de temps en temps, en partie pour celui qui était parti, et en partie pour lequel je ne pensais à rien, n'étaient que l'ombre qui devait toujours tomber là où il y a de la lumière. Et en vérité, j'avais de bonnes raisons d'être reconnaissant et de me réjouir ; J'étais en bonne santé comme une truite dans le ruisseau, et j'avais de bonnes chances de tirer le meilleur parti de ces humbles dons et pouvoirs dont j'étais béni.

Quant à Herdegen, ce ne fut pas une mince consolation pour nous d'apprendre que monseigneur le cardinal Bernhardi avait pris l'affaire en main et avait demandé à tous les prêtres et frères du Levant de s'enquérir de ses nouvelles.

Le bon prélat devait faire neuf mois de voyage à l'étranger, et tandis que cinq mois étaient déjà passés, nous nous réjouissions dans l'espérance de son retour ; mais il y en avait un à Nuremberg qui le recherchait encore plus avidement que nous : c'était mon grand-oncle Im Iloff. Le vieux chevalier nous avait, comme je l'ai dit, rendu des services dignes de reconnaissance en tant que gardien ; pourtant il ne m'avait jamais été cher, et je ne pouvais penser à lui qu'avec une colère silencieuse. Cependant, il se trouvait maintenant dans une situation si triste et cruelle qu'un cœur de pierre avait dû fondre pour le voir. Ainsi la pitié me conduisit à lui, même si c'était une pénitence de rester en sa présence. Le vieux baron, — car il pouvait également se vanter de ce titre, puisqu'il avait versé une grosse somme dans le trésor de l'empereur — ce vieil homme, qui autrefois n'avait fait que feindre une fausse et mauvaise démonstration de repentir — comme s'il le ferait bientôt. certains jours saints lavent les pieds de mendiants qui avaient d'abord été purifiés avec soin, maintenant malades et menacés de mourir étaient terriblement sérieux, et qui, animés d'une intention honnête, désiraient ouvrir les portes du ciel par des exercices pieux. Il dut, sur l'ordre de maître Ulsenius la sangsue, échanger le cercueil dans lequel il avait l'habitude de dormir contre un lit commun en bois ; mais même là, il ne pouvait pas trouver de repos et il était désireux de passer ses nuits blanches dans son fauteuil, reposant ses pieds endoloris dans un berceau qu'il avait fait, avec sa vaine gloire habituelle, avoir la forme et la couleur de une coquille de perle. Mais ses nuits dans le cercueil et ses moqueries sur la mort se sont retournées contre lui ; il avait toujours été pâle, et maintenant il avait le visage même d'un cadavre. Le sang semblait gelé dans ses veines, et il avait toujours si froid que le grand poêle et le large foyer qui lui faisait face étaient alimentés jour et nuit par de puissantes bûches.

Dans cette chaleur épouvantable, la sueur me montait au front dès que je franchissais le seuil, et si je m'attardais dans la chambre, je manquais bientôt de souffle. Le discours du malade était à peine entendu, et quant à tout ce que maître Ulsenius nous disait sur le siège de son mal et sur la façon dont il le rongeait à mort, je voudrais garder le silence. Au lieu de cette moquerie du lavement des pieds pendant le Carême, il ferait maintenant la pénitence la plus dure, et il n'y avait guère de saint dans le calendrier à qui il n'avait pas offert de cadeaux ou à qui il était mort.

Un frère dominicain était toujours dans sa chambre, récitant le chapelet pour lui et lui rendant d'autres services fantomatiques, surtout pendant la nuit, lorsqu'il était hanté par une terrible agitation. Rien ne le soulageait autant que la présence d'une femme dans son esprit. Mais de tous ceux à qui, à maintes veilles de Noël, il avait fait de nobles cadeaux, rares étaient ceux qui revenaient une seconde fois après avoir été une fois dans cette fournaise ; ou, s'ils le faisaient, ce ne serait rien de plus que de venir et de partir immédiatement. La cousine Maud pouvait supporter de rester le plus longtemps avec lui ; mais ensuite, elle aurait besoin de plusieurs verres d'eau forte pour fortifier son cœur.

Quant à moi, chaque fois que je revenais de chez mon grand-oncle, les joues pâles, elle m'interdisait de franchir davantage son seuil ; mais quand son ordre me parvenait, elle était également émue de compassion et me laissait obéir.

Néanmoins, si je n'avais pas été plus que fort, merci les saints, rester longtemps assis avec le malade m'aurait certainement fait du mal, car le corps et l'âme avaient beaucoup à endurer. Il me semblait que la douleur avait délié la langue de ce vieillard jusqu'alors muet, et alors qu'il avait toujours tenu la tête haute au-dessus de tous les hommes, il allait maintenant s'abaisser devant les plus humbles. Il resterait avec n'importe quel homme ou femme qui tarderait, pour raconter toutes ses souffrances et ce qu'il avait enduré dans son esprit et dans son corps. Son confesseur lui avait bien défendu de se plaindre du mal dont le Ciel l'avait puni, mais personne ne pouvait l'empêcher de déplorer le mal qu'il avait commis dans son péché et sa vanité. Et ses accusations contre lui-même étaient si multiples et si effrayantes, que j'étais prêt à croire sa déclaration selon laquelle tout ce qu'il avait jamais pensé ou fait de bon était, pour ainsi dire, enterré ; et que rien d'autre que le mal qu'il avait souffert et commis n'était resté et n'avait encore de pouvoir sur lui. Le coup mortel qu'il avait infligé sans le vouloir, avec une passion insouciante, se dressait devant son âme jour et nuit comme un acte maudit et sanglant ; et chaque instant, aigri par l'infidélité de sa femme, jusqu'à la dernière heure où, sur son lit de mort, elle le maudissait, il revivait, nuit après nuit. Alors il joignait ses mains maigres, à travers lesquelles on pouvait voir la lumière, sur son visage taché de larmes et ne restait pas tranquille ni plus gai jusqu'à ce que je ne puisse plus cacher mon grand chagrin pour lui.

Cependant, après avoir entendu et répété la même histoire, elle a cessé de me toucher si profondément ; de sorte qu'à la fin, au lieu d'une compassion si profonde, cela ne m'a ému qu'à une morne tristesse et, je l'avoue, à une lassitude indicible. Les larmes ne me montaient pas aux yeux, et mon foulard ne servait qu'à cacher mes bâillements et ma vinaigrette. Il arriva donc que le vieux pénitent ne prenait aucun plaisir en ma compagnie, et qu'à la fin des semaines pouvaient s'écouler sans qu'il ne m'invite à sa présence.

Or, lorsque les tableaux furent terminés, alors qu'il entendait qu'ils étaient de bonnes ressemblances, et qu'en outre on lui disait que milord Cardinal avait l'intention de rentrer chez lui dans un avenir proche, il tomba dans un tumulte étrange et désira voir ces tableaux tous deux. moi et Ann. Cela ne m'étonna pas : il avait appris depuis longtemps à penser avec bienveillance à la belle-fille du conseiller Pernbart ; bien plus, il m'avait demandé de la supplier de pardonner à un vieillard mourant. Nous étions bien disposés à faire sa volonté, et les Pernhart non moins ; un certain mercredi, les tableaux étaient portés chez lui, et le lendemain, étant jeudi, j'allais savoir s'il était content. Et voici, mon image était placée dans un coin où il pouvait à peine la voir ; mais celui d'Ann était face à face avec lui et, lorsque j'entrai dans la chambre, ses yeux étaient fixés dessus comme ravis par la vision d'un saint venu du ciel. Et il était tellement perdu dans ses pensées qu'il ne détourna pas le regard jusqu'à ce que le frère dominicain lui parle.

Là-dessus, il me salua précipitamment et me demanda si je tenais vraiment à ce qu'il ait été un gardien fidèle et reconnaissant. Et quand j'ai répondu oui, il m'a murmuré, avec un regard de côté au frère, que monseigneur Cardinal devait certainement chérir Ann, s'il voulait offrir à Nuremberg un maître si célèbre pour qu'il puisse posséder son image. Or, comme je ne sais pas encore dans quel but il cherchait à me tromper par ces questions, j'ai confirmé ses paroles en toute prudence ; puis il jeta un nouveau coup d'œil au moine et me murmura précipitamment à l'oreille, et si bas que je pouvais à peine l'entendre :

" Cet homme boit en secret tout mon vieux vin de Chypre et ma Malvoisie. Et les autres prêtres, les Plébiens ici, connaissez-vous leurs âmes mondaines et viles ? Ils ne prennent pas de croix, ni ne mortifient la chair par un jeûne saint, mais chérissent et nourrissez-le comme le font les païens perdus. Sont-ils des saints hommes qui suivent les traces du Seigneur crucifié ? Tout ce qui les amène à moi, c'est le souci de mes oblations et de mes dons. Je les connais, je les connais tous, tous. ici à Nuremberg. Tel qu'est la ville, tels sont ses pasteurs ! Lequel d'entre eux se mortifie ? Y a-t-il ici une haute cour ? Pour gagner la bénédiction d'un prélat véritablement seigneurial, un homme doit se rendre à Bamberg ou à Würzburg. À quoi servent la Sainte Vierge et les saints, ces frères roux ? Fleischmann, Hellfeld, et même le prieur dominicain lui-même, que sont-ils ? Pourquoi, à la Diète, ils ont marché après l'évêque de Chiemsee et d'Eichstadt. Dans les affaires de la ville, ses droits, ses alliances et ses relations, ils avaient en effet un coup de main ; il n'y a rien qui leur soit plus cher, surtout à Fleischmann, que la politique, et ils seraient ravis s'ils pouvaient être envoyés dans quelque ambassade. Oui, et ils m'ont rendu quelques services, comme marchand, chaque fois que j'ai demandé le sauf-conduit des princes et des chevaliers ; mais quant à les charger du sauf-conduit de mon âme, du bonheur ou du malheur de mon esprit immortel ! — Non, non, jamais ! Oui, Margery, car j'ai été une grande pécheresse. Un pouvoir plus grand et une médiation plus puissante sont nécessaires pour me sauver et me délivrer, et voici, ma Margery, il me semble – écoutez-moi, Margery – il me semble qu'une décision spéciale du Ciel a été envoyée.... Quand son Éminence le Cardinal Bernhardi reviendra-t-il d'Angleterre ?

Là-dessus, je vis clairement ce qu'il y avait dans le vent. Je lui répondis que Son Éminence se proposait de revenir ici dans trois ou quatre mois ; il soupira profondément : « Pas depuis si longtemps, trois mois, dites-vous ?

«Ou plus longtemps», dis-je précipitamment; mais lui, oubliant le frère, s'écria comme s'il savait mieux que moi : « Non, non, dans trois mois. Ainsi tu as dit.

Puis il parla de nouveau à voix basse et poursuivit d'un ton confiant : « Tant que cela, je peux tenir le coup, avec l'aide des saints, si je… Oui, car il me reste assez pour constituer une grande dotation. Mes biens Margery, le domaine qui m'appartient... Personne ne peut deviner ce qu'une maison de commerce bien gouvernée peut gagner en un demi-siècle. — Oui, je vous le dis, Margery, je peux tenir le coup et attendre. Deux, ou tout au plus. trois mois ; ils vont bientôt s'éclipser. Plus nous vieillissons et plus la vie est ennuyeuse, plus les jours passent vite.

Et en vérité, je n'ai pas eu le cœur de lui dire qu'il pourrait avoir à prendre beaucoup plus de patience, et, tandis que je remarquais combien il avait du mal à exprimer ce qui lui pesait sur l'esprit, je lui ai apporté toute l'aide possible ; puis il avoua librement que ce qu'il désirait le plus sur terre était de recevoir l'absolution et le Viatique des mains du cardinal. Il me semblait croire que les prières de Son Éminence lui serviraient mieux au Ciel que celles de nos simples prêtres, qui n'avaient même pas obtenu une chape d'évêque ; de même que la bonne parole d'un prince électeur parvient plus tôt à l'oreille de l'empereur que la pétition d'un conseiller municipal. De même, cela apaisait sans doute son orgueil de penser qu'il pourrait tourner le dos à ce monde sous la bonne direction d'un prélat à la pourpre. Sur ce, j'ai promis que son cas serait porté à la connaissance du cardinal par Ann, puis il m'a fait comprendre qu'il désirait qu'Ann vienne le voir, dans la mesure où sa seule présentation lui avait apporté plus de réconfort que le plus fort. des potions de Maître Ulsenius. Il ne pouvait pas être heureux de mourir sans son pardon et sans la bénir de la main et de la parole.

Et il me montra du doigt et dit que, même si c'était bien fait, il ne pouvait plus supporter de le voir ; qu'il paraissait si plein de santé et d'espoir, qu'il lui semblait qu'il se moquait de sa misère, et il me pria instamment de lui envoyer Ann sur-le-champ ; les saints lui accorderaient une grâce spéciale pour chaque heure où elle ne retarderait pas sa venue.

Là-dessus je suis parti; Ann était prête à exécuter les ordres du mourant, et lorsque je l'accompagnai bientôt en sa présence, il la regarda comme il l'avait fait sur son portrait, comme ensorcelé par sa personne et ses manières ; et toujours après, si elle était absente pendant plus d'un jour ou deux, il lui ordonnait de venir à lui, avec des prières et des supplications. Et il trouva le moyen de toucher son cœur comme il avait le mien ; pourtant, alors que je me lassai bientôt de ses plaintes, la compassion d'Ann ne faillit pas ; au lieu de bâiller et d'être impuissante à le réconforter, elle détournait avec une grande habileté ses pensées de lui-même et de ses souffrances.

Ensuite, ils parlaient souvent de Herdegen et de la façon de retrouver sa trace, et alors que le vieil homme avait autrefois laissé ces questions à d'autres personnes, il montrait maintenant une expérience juste, sage et approfondie dans le conseil sur les bonnes voies et les bonnes manières. moyens. Jusqu'ici il s'était fié aux bonnes paroles d'Ursule et nous avait recommandé la même confiance ; maintenant, cependant, il se souvint tout d'un coup à quel point elle avait toujours été mauvaise envers mon frère perdu, et comme c'était la saison de l'année où la flotte commerciale devait mettre les voiles de Venise pour Alexandrie, en terre d'Égypte, il envoya envoya un messager à Kunz, le chargeant de prendre lui-même le navire et d'y aller chercher son frère. Cela a rempli Ann et moi également d'un nouvel espoir et d'une véritable gratitude. Pourtant, en vérité, quant à mon grand-oncle, il devait beaucoup à Ann ; sa simple présence était comme la rosée sur son cœur flétri, et l'espoir qu'elle maintenait vivant en lui, que son oncle, monseigneur le cardinal, reviendrait bientôt chez lui et satisferait volontiers ses désirs, lui donnait la force et la volonté de vivre et le maintenait. la faible étincelle de la vie qui brûle.

CHAPITRE IX.

Le mois d'octobre était arrivé ; la forêt nous réclama une fois de plus, et en effet, à cette époque-là, on avait besoin de moi au pavillon forestier. Une enchère pressante était également venue à Ann ; pourtant, bien que son séjour dans la chambre chaude de mon grand-oncle lui ait causé de nombreux maux de tête, elle avait fait de sa présence auprès de lui l'un de ses devoirs et rien ne pouvait la pousser à être infidèle.

En outre, nous savions que la plus grande partie des galions vénitiens avaient quitté le Lido entre le 8 et le 25 du mois dernier et qu'ils devaient être de retour chez eux à la mi-octobre ou au début de novembre. Une flotte bien moindre partit de Venise à la fin de l'année et y vint de nouveau mouiller, chargée d'épices, au mois de mars ou au plus tard en avril. C'était donc le moment où nous pouvions très sûrement chercher des nouvelles du Levant, et Ann ne serait pas hors de portée au cas où de telles nouvelles viendraient à Nuremberg.

Je suis parti le jour de la Saint-Denys, le 9 octobre, seul avec la cousine Maud ; d'autres invités ne tardèrent pas à nous suivre et parmi eux mes beaux-frères et le jeune couple Loffelholz ; Elsa Ebner s'est mariée, depuis quelques mois, avec le jeune Jorg Loffelholz.

L'oncle Christian viendrait plus tard et, si elle y consentait, amènerait Ann avec lui, car il se tenait tenu de donner un peu d'air frais à son « petit gardien ». Il était également un grand ami dans la maison des Pernhart, et on ne peut guère imaginer rien de plus heureux et de plus agréable que ses conversations avec la vieille dame.

Jamais la maison bien-aimée de la Forêt n'avait autant ressemblé à un pigeonnier. Chaque jour nous apportait de nouveaux invités, dont beaucoup venaient de la ville ; cependant, personne n'avait encore de nouvelles des navires de Venise ni de notre Kunz, qui devait rentrer avec eux. Et à cela, mon cœur trembla de peur, malgré les jeux de chasse et bien des bons et joyeux dîners ; et tante Jacoba n'allait pas mieux. Les semaines passèrent, les feuilles rouges et jaunes commencèrent à tomber, les baies écarlates des sorbiers se ratatinèrent et le givre blanc tomba des nuits sur les prairies et les landes.

Un jour, j'étais parti à cheval avec mon oncle Conrad pour chasser, et quand nous sommes rentrés à la maison au crépuscule, j'ai pu ajouter quelques oiseaux au butin de ces messieurs. Tous les invités présents à ce moment-là étaient debout dans la cour et discutaient, beaucoup d'entre eux se lamentant ou se vantant de la méchanceté ou de la faveur de saint Hubert ce jour-là, lorsque les chiens, qui flairaient le gibier, élevèrent soudain la voix, et la porte

Le cor du gardien sonna joyeusement, comme pour annoncer un invité de bienvenue.

Le visage de la gouvernante apparut à la fenêtre de tante Jacoba, et aussitôt que la nouvelle fut connue de qui il s'agissait, les fouets du gardien de chien firent taire les chiens en toute hâte et les poussèrent dans le chenil. Les serviteurs emportèrent le gibier, et lorsque la cour fut bientôt dégagée, voici, un étrange cortège entra.

D'abord, un long chariot couvert d'une inclinaison si haute que je me sentais que bien des portes de ville pourraient être trop basses pour le laisser passer ; et il était tiré par quatre petits chevaux droits, au pelage sombre et emmêlé et aux yeux brillants et volontaires. Quelques chiens de race de choix couraient derrière. De l'intérieur des tentures sortaient des cris aigus et perçants, comme ceux de nombreux perroquets criards.

Devant ce chariot se trouvaient deux hommes, de stature et de mine différentes, et un gaillard robuste conduisait les chevaux. Or, nous le savions tous très bien. Autrefois, du temps du vieux Lorenz Waldstromer, le père de mon oncle Conrad, il avait l'habitude de venir ici une ou deux fois par an, et il était toujours le bienvenu ; s'il arrivait au mois d'août, il serait à cette époque rempli de nobles faucons, qui seraient placés sur des navires à Venise, d'autant que le sultan d'Égypte et ses émirs étaient si désireux de les acheter qu'ils donneraient autant que possible. jusqu'à cent cinquante sequins pour les plus beaux et les meilleurs.

Le vieux Jordan Kubbeling de Brunswick, le père de l'homme qui était venu ici, avait l'habitude d'envoyer les oiseaux à Alexandrie par l'intermédiaire de marchands, pour les lui vendre là-bas ; mais son fils Seyfried, qui s'appelait encore aujourd'hui le jeune Kubbeling, bien qu'il eût presque soixante ans, y porterait lui-même ses articles à plumes. En vérité, il ne lui fut pas permis de vendre d'autres marchandises dans le pays, dans la mesure où la République imposait des limites strictes aux transactions des commerçants allemands. Si un tel homme veut avoir quelque chose du Levant, il ne peut l'obtenir que par l'intermédiaire de la Salle des Marchands ou de Fondaco à Venise ; et encore moins est-il permis à un Allemand de transporter ses marchandises, de quelque sorte qu'elles soient, hors de Venise vers l'Est, dans la mesure où tout commerçant allemand est tenu de vendre par l'intermédiaire du syndicat tout ce que son pays natal peut produire ou fabriquer à Venise. lui-même. Et d'aucune autre manière un Allemand ne peut faire de commerce, qu'il soit grand ou petit, avec les commerçants de Venise ; et tout cela est fait pour que la République ne perde rien des grands impôts qu'elle impose sur toutes choses.

Quant à Seyfried Kubbeling, le grand Conseil, par grâce spéciale, et considérant que nul autre que lui ne pouvait transporter ses oiseaux sur les mers en bon état, lui avait accordé de les accompagner en terre d'Egypte. Pendant de nombreuses années, les Kubbelings avaient amené des faucons aux Waldstromers, et chaque fois que mon oncle avait besoin d'un tel oiseau, ou s'il devait en fournir un à notre seigneur connétable et prince électeur le duc de Bavière, ou à tout autre grand grand temporel ou spirituel prince, on pouvait l'obtenir de Seyfried – ou du Jeune Kubbeling. Certes, personne ne savait mieux où choisir un bel oiseau, et tandis qu'il voyageait entre Brunswick, l'Italie et le Levant, ses fils et ses frères allaient jusqu'au Danemark, et de là en Islande dans les mers gelées, où le races de faucons royaux. Pourtant, il existe également des espèces nobles dans les montagnes du Harz, à proximité de leur pays d'origine.

L'homme qui a toujours été le camarade de Kubbeling, qui l'accompagnait maintenant au Levant, comme autrefois dans l'extrême Nord, était Uhlwurm, qui, bien qu'il ait été le serviteur du vieux Jordan, était considéré par Seyfried comme son égal ; et quiconque voudrait faire de l'un son invité devra accepter l'autre par-dessus le marché. Cela se faisait toujours avec plaisir au Forest-lodge ; Uhlwurm était un homme de peu de mots, et les garçons de chasse et les gardiens de chenil le considéraient comme un homme sage, qui savait plus que simplement de quel côté son pain était beurré. En tout cas, il était instruit dans la guérison de toutes les créatures malades, et en particulier des faucons, des chevaux et des chiens, au moyen de sortilèges chuchotés, du souffle de sa bouche, de potions et d'électuaires ; et je l'ai vu moi-même manipuler une vieille louve furieuse qui avait été prise dans un piège, de sorte que personne n'osait s'approcher d'elle, comme s'il s'agissait d'un petit chien apprivoisé. Il était plus grand que son maître d'une tête et demie, et on le voyait toujours avec une capuche sur laquelle était posée une tête de hibou avec son bec et ses oreilles. En vérité, toute la présence de cet homme me faisait penser à cet oiseau de nuit ; et quand je pense à son maître Seyfried, ou au jeune Kubbeling, je me souviens souvent qu'il avait toujours l'habitude de porter trois peaux de chats sauvages, qu'il mettait sur sa poitrine et sur chaque jambe, comme remède contre les douleurs qu'il avait. Et le vendeur de faucons, qui était trapu et large d'épaules, n'était en réalité pas sans rappeler un chat sauvage dans son poil négligé, quoique exempt de toute ruse et de toute ruse. Toute sa mine, dans son justaucorps de cuir jaune lacéré de vert, ses bottes hautes et son visage mal rasé couvert de poils courts et gris, était celui d'un bûcheron devenu étranger à l'homme dans les forêts sauvages ; cependant, nous savions, par de nombreuses relations, qu'il était honnête et pitoyable, et qu'il endurerait des choses difficiles pour être utile et fidèle à ceux qu'il aimait vraiment.

Toutes les créatures qu'il avait amenées avec lui étaient à vendre ; même les poneys d'Islande, qu'il ramenait rarement chez lui, parce qu'ils étaient en grande faveur auprès des Junkers et des demoiselles de haut rang dans les châteaux où il trouvait refuge ; et mon oncle croyait que ses profits et ses économies ne devaient pas être une mince affaire.

À peine Kubbeling et ses compagnons étaient-ils entrés dans la cour, que la femme de la maison apparut une fois de plus à la fenêtre de ma tante et lui ordonna de monter immédiatement chez sa maîtresse. Mais le Brunswickois ne répondit que brutalement et brièvement : « D'abord ceux qui ont besoin de mon aide. » Et il parlait ainsi d'un blessé, qu'il avait ramassé près de la mort au bord de la route. Tandis qu'avec l'aide d'Uhlwurm il soulevait soigneusement le jeune homme de dessous l'inclinaison, mon oncle, qui espérait depuis longtemps sa venue, lui lança un regard interrogateur. L'autre comprit et secoua tristement la tête pour lui répondre non. Et puis il s'occupa de l'homme frappé, en grommelant à mon oncle : « J'ai traversé l' étang jusqu'à Alexandrie, mais de ton homme, tu sais qui, pas une griffe ni une plume. Quant aux frères Schopper par contre....Mais essayons d'abord de nous mettre entre ce pauvre garçon et la tombe. Attends, Uhlwurm!" Et il était sur le point de faire entrer le malade dans les portes. Cependant, je m'approchai du Brunswickois, qui, dans sa manière grossière, m'avait toujours bien aimé, et alors qu'il me semblait qu'il avait vu mes frères, je le suppliai avec amour de m'en donner des nouvelles ; mais il se contenta de désigner l'homme sans défense et de dire que les nouvelles qu'il avait à me donner ne seraient que trop tôt ; et cela me paraissait si rébarbatif et si lugubre, que je me décidai au pire ; bien plus, et mes craintes devinrent d'autant plus grandes qu'il posa sa grande main sur ma manche, comme cela pouvait être pour me réconforter, dans la mesure où il n'avait encore jamais fait cela, sauf lorsqu'il entendit parler de la fin prématurée de mon Hans.

Et puis, comme il ne voulait pas de mon aide pour soigner le malade, j'ai couru vers ma tante pour lui annoncer avec le plus grand soin les nouvelles que j'avais entendues ; mais mon oncle m'avait précédé, et dans l'embrasure de la porte, je vis qu'il venait de baiser le front de sa femme bien-aimée. Je pouvais lire sur leurs deux visages qu'ils étaient privés d'un autre espoir, mais ma tante descendrait et parlerait elle-même avec le jeune Kubbeling. Mon oncle aurait voulu l'en empêcher, mais elle ne prêta aucune attention à ses avertissements, et tandis que sa fatigante femme la préparait avec grand soin pour apparaître à table, elle remerciait les saints de ce qu'Anne était loin en ce jour malheureux.

Ainsi les heures s'écoulèrent entre notre retour de la chasse et le repas du soir, et nous retrouvâmes bientôt tous nos invités au réfectoire. Tante Jacoba, comme à son habitude, était assise sur le canapé sur lequel elle était portée, au bout supérieur de la table près de la cheminée, à côté de laquelle était dressée une table plus petite, où Kubbeling et Uhlwurm prenaient place comme s'ils n'avaient jamais pris place. assis ailleurs dans leur vie; et en vérité, le vieux Jordan avait pris ses repas dans ce même endroit, et chaque fois qu'ils venaient à la Loge, les serviteurs savaient très bien ce qui leur était dû, à eux et à leurs camarades. Et s'ils ne s'asseyaient pas à la table haute, c'était seulement pour cette raison que le vieux Jordan, il y a soixante ans, avait considéré cela comme un honneur pesant et plus que ce qui lui était dû ; et le jeune Kubbeling ferait en toutes choses ce que son père avait fait avant lui. Mon siège était là où je pouvais les voir, et une chaise vide se tenait entre moi et ma tante ; cela a été laissé à Maître Ulsenius, la sangsue. Ce brave homme n'aimait pas rouler la nuit tombée, à cause des voleurs de grands chemins et des pilleurs, et certains d'entre nous étaient quelque peu gênés de le voir arriver si tard. Malgré cela, la conversation ne fut que joyeuse ; De nouveaux invités nous étaient venus de la ville à midi et ils avaient beaucoup à nous raconter. La nouvelle était venue que le sultan d'Égypte était tombé sur l'île de Chypre, et que les musulmans avaient battu le roi Janus, qui y régnait, et l'avaient transporté au-delà des mers en triomphe jusqu'au vieux Caire, prisonnier et chargé de chaînes. Sur ce, nous avons été instruits par cet homme érudit, maître Eberhard Windecke, qui était très instruit dans l'histoire du monde entier : il était venu à Nuremberg en tant que commissaire aux finances de Sa Majesté, et l'oncle Tucher l'avait amené à la Forêt. — il nous a dit, dis-je, que l'ancêtre de ce roi Janus de Chypre s'était emparé de la couronne de Jérusalem au moment des croisades, du vivant du puissant sultan Saladin, par empoisonnement et parjure, et l'avait ensuite troquée. avec le monarque anglais Richard Coeur de Lion, en échange du Royaume de Chypre. Cet ancêtre du roi Janus s'appelait Guy de Lusignan, et les péchés des pères, ainsi que maître Windecke les exposait avec des fleurs d'éloquence, se répercutèrent toujours sur les enfants jusqu'à la troisième et la quatrième génération.

Comme la plupart des membres de l'assemblée, j'avais écouté ce discours avec le respect qui lui était dû ; pourtant je n'avais pas manqué de remarquer avec quels yeux inquiets ma tante regardait les deux hommes lorsque, après avoir à peine calmé leur faim et leur soif, ils quittèrent aussitôt la salle pour soigner le malade ; en vérité, comme je l'aurais aimé également, elle aurait préféré entendre des nouvelles actuelles plutôt que ce récit des péchés des Lusignan morts et disparus. Bientôt les deux hommes revinrent à leur place, et lorsque maître Windecke, qui, en parlant, avait oublié de manger, se remit avec une double bonne volonté, l'oncle Conrad ordonna gravement à Kubbeling de dire ce qu'il avait à dire ; et pourtant l'homme, qui portait à sa bouche la patte d'un coq noir, ne répondait que d'un ton brutal : « Tout cela à temps, monseigneur.

Il fallut donc attendre ; ce n'est pas non plus que lorsque le Brunswickois eut cassé sa dernière noix avec ses fortes dents et que la coupe du soir eut été apportée, qu'il rompit le silence et nous raconta en phrases courtes et hésitantes comment il avait navigué de Venise à Alexandrie en pays d'Égypte.

, et tout ce qui était arrivé à ses faucons. Puis il s'arrêta, comme quelqu'un qui a fini son histoire, et Uhlwurm dit d'une voix grave et d'un mouvement de la main comme pour enlever les miettes de la table : « Parti ! » — Et ce « Parti » était presque proche. le seul mot que j'ai jamais entendu sortir des lèvres de cet étrange vieil homme. Tandis qu'il poursuivait son récit, Kubbeling se libérait avec le vin, et bien que cela n'ait pas plus d'effet sur lui que l'eau claire, il me semblait qu'il parlait toujours pour son propre plaisir ; seulement lorsqu'il raconta comment et où il avait vainement cherché Gotz banni, il regarda le visage de ma tante avec tristesse. Et Kunz, qui avait traversé la mer sur le même bateau que lui, l'avait aidé dans cette recherche.

Lorsque je lui ai alors demandé si Kunz n'était pas également rentré avec lui à Venise et que Kubbeling m'avait répondu non, Uhlwurm a répondu une fois de plus, ou si son maître avait jamais fini de parler : « Parti ! » de sa voix grave et triste, et il balaya de nouveau les miettes, pour ainsi dire, dans l'air. Alors une si grande peur m'envahit qu'il me sembla qu'un corps d'acier tranchant était enfoncé dans mon cœur ; mais Kubbeling m'avait vu pâlir, et il se tourna vers Uhlwurm avec une grande colère, et pour que je puisse reprendre courage, il s'écria : « Non, non, je dis non. Qu'en sait ce vieux fou ! c'est parce que la galère a attendu Junker Schopper et a levé l'ancre une demi-journée plus tard, qu'il prédit de mauvaises choses. Ce retard n'était pas nécessaire. Et qui peut dire à quoi les jeunes maîtres seront destinés ? Ils ont une fantaisie dans leurs jeunes têtes vertes, et cela doit être exécuté, que ce soit ou non. Il m'a juré avec un serment haut et solennel qu'il ne se reposerait pas jusqu'à ce qu'il ait trouvé quelque trace de son frère, et s'il a fait attendre le galion pour cette raison, quelle merveille ? " Y a-t-il de quoi s'émerveiller ? Et vous, Maîtresse Margery, savez sûrement, ici dans la Forêt, où une fausse piste peut conduire. — Junker Kunz ! Où il est peut-être allé chercher son frère, qui peut le dire ? Pas moi, et beaucoup moins Uhlwurm. Et les jeunes gens voltigent çà et là comme un faucon inexpérimenté, et si maître Kunz, qui est tellement plus grave et plus sage que les autres de sa verte jeunesse, ne trouve personne pour lui ouvrir les yeux, alors il peut... je ne dis pas c'est certain, mais peut-être, car pourquoi devrais-je vous effrayer tous ? — il peut, dis-je, chasser haut et bas pendant toute l'éternité. Le regretté Junker Herdegen. . . ".

Et de nouveau, j'ai ressenti un pincement aigu dans mon cœur et j'ai crié dans l'angoisse de mon âme : « Le regretté Junker, le regretté Junker, avez-vous dit ? Comment en êtes-vous venu à utiliser un tel mot ? ne me torture plus. Avoue tout ce que tu sais sur mon frère aîné !

C'est ce que j'ai crié d'une voix tremblante, mais très vite je suis redevenu sans voix, pour une fois de plus ce terrible « Gone ! est tombé sur mon oreille des lèvres d'Uhlwurm.

Je cachai mon visage dans mes mains et, assis ainsi dans l'obscurité, j'entendis le marchand d'oiseaux, véritablement chagriné maintenant, répéter le mot de mauvais augure d'Uhlwurm : "Parti". Pourtant, il ajouta aussitôt sur un ton réconfortant : « Mais seulement par hasard – pas avec certitude, Maîtresse Margery.

Même s'il était désormais disposé à en dire davantage, il fut arrêté en flagrant délit. Ni lui ni moi n'avions vu que quelqu'un était entré silencieusement dans la salle avec mon oncle Christian et maître Ulsenius, s'était approché de nous et avait entendu les dernières paroles d'Uhlwurm et de Kubbeling. C'était Ann ; et, comme elle répondait au Brunswickois "Je voudrais que vous ayez raison avec ce "peut-être". Avec quelle joie le croirais-je!" J'ai retiré mes mains de mon visage, et voici, elle se tenait devant moi dans toute sa beauté, mais dans un profond deuil noir, et elle était maintenant, comme moi, une veuve célibataire.

J'ai couru à sa rencontre, et maintenant, alors qu'elle s'accrochait d'abord à moi, puis à ma tante, elle offrait un spectacle si émouvant que même Uhlwurm essuyait ses joues mouillées avec son gant. Tout le monde se tut maintenant, mais le jeune Kubbeling ne cessa d'essuyer la sueur d'angoisse de son front, jusqu'à ce qu'il finisse par s'écrier : « "Peut-être", c'est ce que j'ai dit, et "peut-être" ce sera encore le cas ; oui, avec l'aide de les Saints, et je le prouverai. . . .

Alors Ann souleva sa perle qu'elle avait cachée dans le sein de ma tante, et la cousine Maud laissa retomber ses bras dans lesquels elle me tenait serré. Le savant maître Windecke se hâta de partir, car il supportait mal des choses aussi touchantes, tandis que l'oncle Conrad demandait à Ann ce qu'elle avait appris de la fin de Herdegen.

Sur ce, elle nous dit à voix basse qu'elle avait reçu hier une lettre de monseigneur le cardinal, annonçant qu'il avait de mauvaises nouvelles de la part des frères chrétiens d'Egypte. Elle devait se tenir prête au pire, dans la mesure où, s'ils avaient raison, un grand malheur lui était arrivé. Mais il n'était pas encore temps de perdre tout espoir, et lui-même ne se lasserait jamais de ses recherches : le jeune Kubbeling, qui avait entre-temps envoyé Uhlwurm avec la sangsue voir le malade, puis s'était de nouveau assis avec la coupe de vin avant lui, avait néanmoins gardé une oreille ouverte et avait écouté comme les autres ce qu'Ann avait dit ; puis tout à coup il repoussa son verre, brandit son gros poing avec colère et cria, pour ainsi dire, à la porte par laquelle Uhlwurm était sorti : « Cette courbine, cette montre de mort, cet oiseau de mauvais augure. " S'il lève les yeux vers un pommier en fleurs et qu'un oiseau chante dans les branches, il ne pense qu'à la prochaine fois que l'heureuse créature sera tuée par le chat ! " Parti ! Parti " en effet ; à quoi sert-il de dire Il est parti ! Il a enfin embué même mon cerveau avec ses vapeurs noires. Mais maintenant une lumière brille en moi ; et prêtez-moi l'oreille, jeune Maîtresse, et vous tous, vénérables seigneurs et dames ; car j'ai dit « peut-être » et je le pense sincèrement. toujours."

Nous avons effectivement écouté ; et il y avait dans sa voix et dans sa mine une confiance qui ne pouvait manquer de nous donner du cœur. L'assurance de Mylord Cardinal selon laquelle nous n'allions pas nous contenter des mauvaises nouvelles qu'il avait reçues, Kubbeling avait jugé juste, et ce qui était juste était pour lui un fait. C'est pourquoi il s'était creusé la tête jusqu'à ce que la sueur lui monte au front, et tout ce qu'il avait toujours su concernant Herdegen lui était revenu à l'esprit et il nous le dit maintenant de sa manière brève et grossière, que j'essaierais en vain de consigner. .

Il dit que, depuis le jour où ils avaient débarqué en Egypte, il n'avait plus jamais revu Kunz, mais qu'il avait lui-même fait des recherches pour Herdegen. Anselmo Giustiniani y était encore consul de la République et logeait au Fondaco de Venise avec Ursula, sa femme ; mais les soldats avaient déclaré qu'ils n'avaient jamais entendu parler de Schopper de Nuremberg ; il n'était pas non plus étrange que la venue de Kunz leur fût inconnue, puisque, loin d'Ursule, il avait trouvé l'hospitalité chez les Génois et non chez les Vénitiens. Quand, à la veille de rentrer chez lui, le Brunswickois s'était de nouveau rendu chez les autorités du Fondaco pour obtenir l'autorisation de partir et aller chercher certains argents qu'il y avait accordés, il avait rencontré maîtresse Ursula ; et tandis qu'elle le connaissait et lui parlait, il en profita pour s'enquérir de Herdegen. Et c'était de sa bouche, et de nulle autre, qu'il avait appris que le vieux Junker Schopper avait connu une mort violente ; et, lorsqu'il lui avait demandé où et comment, elle lui avait répondu que c'était dans une de ces amourettes qui furent toujours le but et l'affaire de sa vie. Ainsi, il pourrait dire à tous ses amis et parents à Nuremberg de cesser désormais leurs espionnages et leurs indiscrétions, qui lui avaient déjà coûté plus de peine et d'écrits que suffisant.

Ce discours n'avait que déplu à Kubbeling, mais il ne l'avait pas mal pris et avait seulement dit qu'elle rendrait à Kunz, qui était venu en Égypte avec lui, un bon service, si elle lui donnait des nouvelles plus exactes de la façon dont son frère avait trouvé sa fin.

"Sur quoi," dit le marchand d'oiseaux, "elle m'a lancé un regard comme peu de gens pourraient le faire ; car dans la mesure où la dame est, sans aucun doute, amoureuse des yeux et des oreilles de Junker Kunz......"

Mais je l'arrêtai et lui dis qu'en cela il se trompait certainement ; Cependant, il rit brièvement et continua. " Lequel d'entre nous l'a vue ? Moi ou vous ? Mais amour ou pas amour, écoutez seulement jusqu'au bout. Maîtresse Ursula ne savait certainement pas encore que Junker Kunz était à Alexandrie, et aussitôt qu'elle l'a appris, elle a commencé à m'interroger. Elle devait savoir le jour et l'heure où il y avait jeté l'ancre, pourquoi il avait choisi de loger au Gênes Fondaco, quand je l'avais vu pour la dernière fois, et même de quelle étoffe et de quelle couleur étaient faits ses vêtements. tout, depuis la plume de son chapeau jusqu'à ses bas. Quant à moi, j'avais dû paraître presque idiot, et je lui dis enfin que je n'étais pas habile en ces matières, mais que je l'avais déjà vu un soir. " Dans un manteau blanc avec une capuche pointue. Alors tout le sang quitta son visage, et avec lui toute sa beauté. Elle porta la main à son front comme une possédée ou dans une crise, comme si elle était prise dans son propre piège, et elle Je serais tombée si je ne l'avais pas tenue debout. Et puis, tout d'un coup, elle se redressa fermement, me dit de partir brusquement et me montra la porte ; et j'étais prêt et assez rapide pour partir. Quand je racontais tout cela à Uhlwurm, qui était resté dehors, et ce que j'avais entendu concernant Junker Herdegen, il n'avait rien à dire que ce maudit « Parti ! Et comme cela m'étourdit, vieille taupe que je suis, vous l'avez vu vous-mêmes. Mais l'attitude de Maîtresse Tetzel de Nuremberg, je ne l'ai jamais oublié depuis, ni de jour ni de nuit, ni encore hier.

Il se frotta le front humide, but une gorgée et inspira profondément ; il n'avait pas l'habitude de parler aussi longuement. Mais tandis que nous lui posions beaucoup de questions à ce sujet, il se tourna de nouveau vers nous, les jeunes filles, et dit : « Accordez-moi quelques mots en dehors du sujet que vous voyez, avec le temps, un homme aura un œil pour un faucon et verra quels sont ses avantages. sont, et s'il y a quelque chose. Il apprend à connaître la race par ses plumes, et son sternum, et la couleur de ses pattes, et bien d'autres signes, et son caractère par ses yeux et son bec ; des hommes. Tout cela, je ne l'ai pas appris de moi-même, mais de mon père, que Dieu le garde ; et comme on peut reconnaître un faucon par le bec, ainsi on peut reconnaître un homme ou une femme par la bouche. Et comme je le pense "Le visage de Maîtresse Ursula, tel que je l'ai vu alors, cela me suffit. Oui, et je donnerai mon meilleur faucon d'Islande pour un corbeau boiteux, si chaque mot qu'elle a prononcé sur la mort de Junker Herdegen n'était pas une fausse friponnerie. C'est une belle femme et d'une beauté merveilleuse ; pourtant, alors que j'étais assis pendant ce temps, réfléchissant et regardant le vin de Würzburg dans ma tasse, je me suis souvenu de ses lèvres rouges et de ses dents blanches, alors qu'elle me demandait d'exhorter ses proches à la maison à ne plus chercher l'homme perdu. . Et je dirai clairement ce que cette bouche m'a rappelé ; rien d'autre que le museau de la louve que tu as attrapée et enchaînée. C'est ainsi qu'elle montrait ses défenses quand Uhlwurm la câlinait après son sage, et elle faisait semblant d'être son amie, même si elle avait soif de le prendre à la gorge. — Faux, dis-je, faux, faux étaient tous les mots qui me parvenaient à l'oreille. de cette bouche ! Je sais ce que je sais ; elle est folle à cause de l'un des Schoppers, et si ce n'est pas Kunz, alors c'est l'autre, et si ce n'est pas d'amour, alors c'est de haine. Faites le signe de la croix, dis-je ; elle mettrait l'un d'eux ou les deux hors du monde, comme il se doit. Il est certain qu'elle aurait voulu me faire croire que le vieux Junker Schopper avait déjà connu une mauvaise fin, et il n'est pas moins certain qu'elle avait en main quelque ignoble dessein. »

Le vieillard toussa, s'essuya le front et retomba sur son siège ; nous ne savions en effet que penser de son discours, et nous nous regardions avec interrogation. Jung Kubbeling était le dernier homme sur terre que nous aurions pu imaginer capable de lire dans les cœurs. Seul l'oncle Christian le soutenait et déclarait que l'avenir confirmerait bientôt tout ce que le sage fils du vieux Jordan avait prédit par des signes sûrs.

La dispute devint si forte que même notre aumônier silencieux prononça sa parole pour exprimer son consentement à l'opinion du Brunswickois sur Ursula et pour apporter de nouvelles preuves pourquoi, malgré sa déclaration, Herdegen pourrait encore être au pays des vivants. .

A ce moment, la porte s'ouvrit brusquement, et la gouvernante, qui était ordinairement une veuve très sobre, se précipita dans le réfectoire, suivie de la servante de ma tante, toutes deux aux joues cramoisies et si pleines de leurs affaires qu'elles en oublièrent. la révérence due à nos adorateurs invités, et il fut d'abord difficile de savoir ce qui les avait si profondément troublés. Aussitôt que cela fut clair, la cousine Maud, Ann et moi à ses trousses, coururent vers la chambre où maître Ulsenius demeurait encore avec le voyageur malade, car si les femmes ne s'y trompaient pas, le pauvre garçon n'était autre que Eppelein, fidèle acolyte de Herdegen. La fatigante aussi, une jeune fille intelligente, crut que c'était lui ; et son opinion était digne de confiance, car elle était l'une des nombreuses servantes qui avaient considéré Eppelein avec faveur.

Nous étions actuellement au chevet du garçon ; Maître Ulsenius venait de finir de lui bander la tête, le corps et les bras ; le pauvre garçon avait en effet été cruellement traité, et sans l'aide du Brunswickois, il aurait dû mourir. Que Kubbeling ne l'ait pas connu, même s'ils s'étaient souvent rencontrés dans le passé, était facile à expliquer ; car moi-même, j'aurais à peine pu croire que l'homme pâle et aux yeux creux qui gisait là, et qui paraissait mourant à tous, était notre Eppelein vif et agile d'esprit. Pourtant, en vérité, il l'était, et Ann se jeta à genoux près du lit, et ce fut vraiment pitoyable de l'entendre crier : « Pauvre et fidèle Eppelein ! et bien d'autres bonnes paroles à voix basse et aimante. Pourtant il n'entendait ni ne comprenait, dans la mesure où il n'était pas raisonnable. Pour le moment, il n'y avait aucune nouvelle de lui, et c'était d'autant plus dommage que les voleurs lui avaient arraché ses vêtements, jusqu'à ses bottes, et ainsi, s'il était porteur d'un écrit, il pourrait désormais ne jamais le livrer. Pourtant, il était venu avec un message. Quand les hommes nous laissèrent là, Ann se pencha sur lui et posa un foulard mouillé sur sa tête brûlante. Il ouvrit alors un peu les yeux et montra de sa main gauche, qui était saine, l'extrémité du lit où se trouvait le lit. ses pieds reposaient et murmuraient, à peine entendu et comme s'il était perdu : « La lettre, oh, la lettre ! Mais ensuite il a perdu la raison ; et bientôt il répétait les mêmes mots encore et encore. Son cœur et son cerveau étaient donc remplis d'une chose, et c'était la lettre que quelqu'un – et qui d'autre que son Maître bien-aimé – lui avait strictement chargé de remettre correctement.

Chaque mot qu'il pourrait prononcer dans sa fièvre pourrait nous apporter des nouvelles importantes, et quand à minuit ma tante nous a demandé d'aller au lit, Ann a déclaré que son objectif était de veiller toute la nuit près d'Eppelein, et je n'aurais pour rien au monde eu l'occasion de veiller sur Eppelein. la quitta à un tel moment. Et alors qu'elle connaissait bien maître Ulsenius et qu'elle avait déjà prêté main forte de son plein gré au vieil Uhlwurm, le soin du malade lui était entièrement confié ; et je m'assis près du feu, regardant tantôt les flammes bondissantes et les étincelles volantes, tantôt le lit du malade et tout ce que faisait Ann. Puis je me suis endormi et les heures ont passé pendant que j'étais assis bien éveillé, ou que je rêvais pendant que je dormais pendant quelques minutes. Puis ce fut de nouveau le matin, et il y avait quelque chose devant mes yeux dont je ne savais pas si cela se produisait en vérité, ou si c'était encore un rêve, et pourtant il me semblait que c'était si agréable que je souriais encore quand la gouvernante arriva. à l'intérieur, et cela a chassé le sommeil. Je pensais avoir vu Ann conduire le vilain vieux Uhlwurm jusqu'à la fenêtre et caresser ses joues rugueuses avec sa petite main douce. Tout cela étant différent de sa modestie timide habituelle, cela m'amusait d'autant plus, et l'attitude du vieil homme m'avait également fait sourire ; il était hargneux et pourtant courtois avec elle et lui avait dit je ne sais quoi. Or, alors que j'étais bien éveillé, Ann était effectivement partie, et la ménagère l'avait vue quitter la maison et se diriger vers les écuries, en suivant le vieil Uhlwurm.

Sur ce, un étrange trouble s'abattit sur moi, et lorsque Kubbeling répondit aussitôt à mes questions, le vieil Uhlwurm avait demandé la permission de s'absenter jusqu'à midi, afin de pouvoir se rendre à l'endroit même où ils avaient trouvé Eppelein et chercher cet endroit. lettre qu'il avait sans doute sur lui, je vis clairement pourquoi Ann avait séduit le vieil homme.

SIGNETS DE L'ÉDITEUR ETEXT :

Quarante ou cinquante ans, alors que la plupart des femmes commencent seulement à être méchantes.
Ombre qui doit toujours tomber là où il y a de la lumière. Femme qui pourrait gagner l'amour d'une âme très douée (paye pour cela).

9 789359 942629

Printed at Repro India Ltd.